La reliure traditionnelle 1994

RÉCIT

DES

ÉVÉNEMENTS DE DÉCEMBRE

1851

A. GRANIER DE CASSAGNAC

RÉCIT AUTHENTIQUE

DES

ÉVÉNEMENTS DE DÉCEMBRE 1851

A PARIS ET DANS LES DÉPARTEMENTS

NOUVELLE ÉDITION PRÉCÉDÉE D'UNE INTRODUCTION :

LES COUPS D'ÉTAT

PARIS

E. DENTU, ÉDITEUR

PALAIS-ROYAL, 17 ET 19, GALERIE D'ORLÉANS,

1869

LES

COUPS D'ÉTAT

I.

L'Académie française définit ainsi le Coup d'État :

« Mesure extraordinaire, et presque toujours « violente, à laquelle un gouvernement a re- « cours, lorsque la sûreté de l'État lui paraît « compromise. »

Il ne manque à cette définition que trois réserves pour être absolument exacte. Il faut, pour qu'il y ait un Coup d'État dans le sens honnête et légitime du mot :

Premièrement, que le péril social, en vue duquel le Coup d'État est opéré, soit manifeste et imminent dans l'opinion de tous les hommes sensés ;

Deuxièmement, que la mesure énergique à laquelle on a recours, pour conjurer ce péril, ait pour but un appel à la nation elle-même, et pour résultat un ordre de choses fondé sur l'assentiment général.

Troisièmement, que la mesure extra-légale employée pour en appeler au pays soit imposée par l'absence de toute solution régulière puisée dans la constitution.

Toute entreprise violente, non provoquée par un danger public évident, consommée sans la volonté et le concours libre de tous les citoyens, et opérée par des voies irrégulières, lorsque des voies régulières existent, n'est pas un Coup d'État ; — c'est un attentat contre les lois et une usurpation sur la souveraineté nationale.

Un Coup d'État est donc une mesure extraordinaire, en ce sens que les circonstances qui l'imposent se produisent rarement et à de grands intervalles ; mais il est une mesure régulière, en ce sens qu'il appartient à l'ordre des moyens légitimes et moraux dont la science politique conseille d'user pour le salut des sociétés.

Les ambitieux de salon et les Catilinas de barrière, dont les Coups d'État dérangent les desseins, ont l'habitude de se déchaîner très-violemment contre une mesure qui leur ravit une proie convoitée et longuement poursuivie ; mais il ne serait pas plus raisonnable de s'étonner des récriminations des conspirateurs déçus contre l'autorité, qu'il ne le serait de s'irriter des propos irrévérentieux que les malfaiteurs profèrent contre la justice.

Telle est l'idée générale que le bon sens et l'histoire réunis donnent de la mesure souveraine et décisive qu'on appelle un Coup d'État : nous avons cru nécessaire de la préciser, avant de rappeler les deux grandes mesures de ce genre accomplies en France depuis la dernière année du dernier siècle, et de revenir au récit de celle à laquelle la plus grande partie de la génération actuelle a pris part.

Sur les cinq grandes commotions politiques qui, depuis 1799 jusqu'à 1851, inclusivement, ont ébranlé la France, la première et la dernière ont été, seules, des crises sociales, énergiquement et loyalement conjurées par un appel à la volonté du pays : les trois autres ont été des usurpations opérées sur la souveraineté nationale par des dynasties ou des partis.

Pour bien comprendre la légitimité et même la nécessité des Coups d'État du 18 brumaire an VIII, — 9 novembre 1799, — et du 2 décembre 1851, il est nécessaire de bien préciser la nature de la question politique posée, à ces deux époques, par les événements, ainsi que les moyens mis, par la constitution, à la disposition du gouvernement pour la résoudre.

II.

En 1799, il y avait lutte entre le Directoire et les deux Conseils, c'est-à-dire entre le pouvoir exécutif et le pouvoir législatif. Cette lutte était ancienne, et avait pour première cause les tendances diverses qui existent, de tout temps, entre les hommes politiques, et qui avaient acquis une vivacité spéciale après les grands et sanglants débats de la révolution.

La constitution dite de l'an III n'offrait aucun

moyen de résoudre pacifiquement ces difficultés. Le Directoire n'avait pas le droit de dissoudre les Conseils et d'en appeler au jugement de la nation; les Conseils n'avaient pas le droit de destituer le Directoire, après l'avoir élu. Tout conflit d'opinions ou d'attributions, qui n'était pas apaisé spontanément par des concessions réciproques, aboutissait donc fatalement à une prise d'armes.

La lutte entre les deux pouvoirs avait déjà amené deux fois et en sens divers ces solutions violentes.

Le 18 fructidor an V, — 4 septembre 1797, — le Directoire avait déporté une partie des Conseils; le 30 prairial an VII — 18 juin 1799, — les Conseils avaient chassé une partie du Directoire.

La situation se présentait à nouveau et dans les mêmes conditions à la fin de l'an VII. Les démagogues, groupés dans les Conseils autour du général Jourdan, et appuyés par les clubs, poussaient ouvertement au rétablissement du régime de la Convention. Le Directoire, plus modéré, mais divisé, était impuissant à conjurer les dangers du dedans comme ceux du dehors. Barras négociait avec les agents de Louis XVIII pour rétablir la monarchie ; Sieyès faisait sonder Moreau pour établir une dictature.

Une crise redoutable, dans laquelle la révolution était menacée de périr, allait donc éclater, lorsque, le 22 vendémiaire, — 14 octobre 1799, — un message du Directoire annonça aux Conseils que Bonaparte venait de débarquer à Fréjus.

A cette nouvelle, dit le *Moniteur*, « L'ASSEMBLÉE ENTIÈRE FUT DEBOUT. »

On se sentait sauvé.

Annoncée le soir sur tous les théâtres, cette

nouvelle y fit éclater le plus vif enthousiasme. C'est encore le *Moniteur* qui le constate : « Des « applaudissements tumultueux et plusieurs « fois répétés, dit-il, se font entendre de tous « les côtés ; tout le monde est dans l'ivresse. »

Ainsi, pour les Conseils comme pour le public parisien, le génie et la gloire de Bonaparte apparaissaient comme le salut de la révolution et de la France.

Ils étaient aussi apparus tels aux populations des provinces : « . . . . . Partout, dans les villes, « dans les villages, on allait à sa rencontre sur « les chemins, et on l'accompagnait encore au « delà des communes. La foule était telle, « même sur les routes, que les voitures avaient « peine à avancer. Tous les endroits par les- « quels il est passé, depuis Fréjus jusqu'à Paris, « étaient illuminés le soir (1). »

---

(1) *Moniteur* du 17 octobre 1799.

Le moins qu'on soit autorisé à conclure de ces faits, c'est que l'homme qui marche ainsi vers le pouvoir y est appelé par l'attente générale. Il ne reçoit pas l'autorité, il l'apporte.

Arrivé à Paris le 16 octobre 1799, Bonaparte y fut unanimement considéré comme l'homme qui avait assez de prestige pour dénouer la crise, sauver les grandes conquêtes morales de la révolution et assurer l'avenir.

Pressenti par tous les partis, il les écarta tous pour rester avec la France.

Tous les esprits élevés et éclairés étaient d'accord sur le vice fondamental de la constitution de l'an III. Elle avait attribué, d'une manière trop exclusive, la direction politique aux assemblées, lesquelles, dans un pays divisé comme le nôtre, manquent nécessairement de l'unité de vue indispensable pour exercer le pouvoir avec esprit de suite. Les chefs de la majorité, dans les Conseils et dans le Directoire, résolurent donc de modifier la constitution dans ce sens, et d'appeler Bonaparte au sein du pouvoir exécutif, réorganisé sur une base offrant plus de concentration et plus d'initiative.

Mais une chose aussi grave qu'une constitution ne s'élabore pas utilement au feu de la discussion publique, sous l'action incessante et tumultueuse d'une presse déchaînée. On résolut de suspendre pour deux ou trois mois les séances du Corps législatif, et de laisser se refroidir un peu cette fournaise des débats parlementaires, qui brûlait sans trève ni relâche, depuis onze ans.

En outre, on croyait nécessaire de se soustraire momentanément à la pression directe des clubs de Paris et à l'éventualité des émeutes.

La constitution de l'an III offrait les moyens de résoudre régulièrement une partie de ces difficultés. Les articles 102, 103 et 104 autorisaient le Conseil des Anciens à transférer le siége du Corps législatif hors de Paris; mais il n'existait aucun moyen constitutionnel de proroger les Conseils. Unanimement résolus à procéder loyalement, les chefs de la majorité s'arrêtèrent à l'idée de proposer au Corps législatif de suppléer au silence de la Constitution, et de se proroger lui-même par une loi, dont la proposition appartenait au Conseil des Cinq-Cents, et le vote au Conseil des Anciens.

En conséquence de cet accord, et en vertu de ses pouvoirs constitutionnels, le Conseil des Anciens rendit, le 18 brumaire an VIII, — 9 novembre 1799, — un décret qui, par son article 1er, transférait le siége du Corps législatif à Saint-Cloud, et qui, par son article 2, y convoquait les deux Conseils pour le lendemain, 19 brumaire, à midi.

L'article 3 chargeait le général Bonaparte de l'exécution du décret, ainsi que de toutes les mesures nécessaires pour la sûreté de la représentation nationale.

A moins de nier les faits les plus évidents, on ne saurait contester la loyauté et la régularité des mesures qui préparèrent ainsi le grand événement accompli à Saint-Cloud le lendemain; et si la loyauté, l'abnégation personnelle, le dévouement à la patrie avaient inspiré le Conseil des Cinq-Cents, la révolution mémorable qui termina le XVIIIe siècle se serait pacifiquement opérée.

De quoi s'agissait-il en effet? De nommer dans les Conseils deux commissions qui, pendant la prorogation du Corps législatif, auraient préparé les modifications jugées nécessaires à une constitution dont l'insuffisance éclatait au grand jour, et d'appeler pour la première fois la nation elle-même à se prononcer directement sur le régime auquel il s'agissait de la soumettre, en donnant toutefois pour base au régime nouveau les grands principes proclamés par la révolution.

Les hommes de parti, ceux qui sacrifient leur pays à leurs systèmes, pourraient seuls refuser de souscrire à des projets aussi manifestement loyaux; et ce sont les démagogues des Cinq-Cents qui vont imposer au 18 brumaire une solution violente.

Le Conseil des Cinq-Cents avait l'initiative de la loi, et le Conseil des Anciens en avait le vote.

Ce fut Émile Gaudin qui, après un tableau de la situation générale, proposa aux Cinq-Cents la nomination d'une commission chargée de préparer les moyens de sauver la République. Cette proposition fut le signal d'un orage effroyable, concerté entre les démagogues, et qui eut pour résultat, en écartant la solution pacifique, de poser comme une nécessité la solution violente.

Le rôle de Bonaparte, dans cette journée mémorable, fut un rôle de médiateur et de pacificateur.

Après avoir prononcé, au Conseil des Anciens, l'admirable discours conservé par les procès-verbaux de l'assemblée, et dont les traits essentiels se retrouvent dans le *Moniteur*, il se rendit au Conseil des Cinq-Cents, pour y apporter les mêmes paroles de paix, de raison et de patriotisme. Il y fut reçu par les hurlements et par les poignards de la démagogie.

C'est à la suite de ces essais d'attentat que Lucien, président du Conseil, dut inviter le général en chef, au nom d'une majorité d'honnêtes gens, à disperser cette horde d'assassins.

Les grenadiers firent naturellement leur office; et la majorité des Conseils, délivrée d'une pression exercée par des brigands, élabora en paix la Constitution de l'an VIII, soumise un peu plus tard à la ratification du peuple.

Tel fut le Coup d'État du 18 brumaire. Rendu nécessaire par une constitution défectueuse, rendu légitime par les vœux de l'opinion publique, il représente dans l'histoire la date de la fondation de l'ordre, après la révolution, et de l'affermissement de la société moderne.

Il aurait pu être pacifique ; c'est l'égoïsme brutal des démagogues qui le rendit violent.

III.

Le Coup d'État du 2 décembre est un événement de la même nature, produit par les mêmes causes, amenant le même résultat, c'est-à-dire la substitution de la volonté nationale à la dictature des partis.

Il s'agissait, au 2 décembre comme au 18 brumaire, d'un conflit entre le pouvoir exécutif et le pouvoir législatif, et ce conflit, rendant impossible toute direction sérieuse et efficace des affaires, conduisait visiblement la France à l'anarchie et aux abîmes.

La Constitution n'offrait aucun moyen de vider ce différend par des voies régulières et légales. Le Président ne pouvait pas dissoudre l'Assemblée ni consulter le pays; l'Assemblée ne pouvait pas révoquer le Président avant l'expiration de ses pouvoirs. Ils assistaient l'un et l'autre, divisés et impuissants, aux préparatifs publics et formidables du socialisme, lequel s'organisait de toutes parts pour livrer l'assaut à la société, à l'époque prochaine où l'élection d'un président nouveau laisserait momentanément le vaisseau de l'État sans pilote.

Épouvantée de l'imminence de ce bouleversement général et inévitable, la France fit vainement appel, par la voix des Conseils généraux et le vœu de quatorze cent mille pétitionnaires, au patriotisme de l'Assemblée, et lui demanda la révision d'une constitution funeste, imposée par des hommes sans mandat : l'Assemblée, dominée par l'esprit de parti, resta sourde à cet appel.

Et cependant, combien de motifs raisonnables, logiques, impérieux auraient dû déterminer l'Assemblée à se rendre au vœu universel de la France, qui demandait une constitution capable de la préserver de l'anarchie ?

Tous les pouvoirs, tous les devoirs avaient été honteusement désertés, le 24 février 1848, par une dynastie qui, en prenant la fuite, livrait à leurs ennemis ceux qui, pendant dix-sept ans, l'avaient loyalement servie. Une minorité infime d'émeutiers et de braillards s'était d'abord imposée à Paris, et, à l'aide des administrations générales, centralisées à Paris, s'était ensuite imposée à la France.

Suivant l'expression du capitaine Grisel, dans le procès de Babeuf, des factieux avaient trouvé naturel et légitime de mettre un bât à la nation, et de monter dessus.

Les usurpateurs de la souveraineté nationale avaient fait une constitution à leur usage personnel, et dirigée contre les aspirations qui se manifestaient dans le pays. Aussi, la pensée publique, revenue de sa première stupeur et voyant s'élever le flot de la démagogie socialiste, se reportait, par un retour naturel et reconnaissant, vers la dynastie proscrite des Napoléon, qui, au début de ce siècle, avait clos la période violente de la révolution, et organisé, par l'administration et par les codes, des principes moraux et civilisateurs.

Ces espérances publiques, avant même de

s'être manifestées avec éclat, frappèrent vivement ceux qui, ayant saisi le pouvoir par surprise, ne se sentaient aucun titre, ni pour légitimer sa possession, ni pour assurer sa conservation. Dans leur épouvante, ils se firent un rempart de cette constitution, leur œuvre personnelle, que la France allait subir ; et M. le général Cavaignac avoua à la tribune que la constitution avait été inspirée, en quelques-uns de ses points, et notamment dans son article 45, par la pensée d'empêcher le peuple français d'appeler au trône les héritiers de l'empereur Napoléon.

La lutte entre le président de la République et l'Assemblée législative était publique et sans issue.

Inspiré, éclairé, soutenu par l'opinion de la France, le Président travaillait à constituer un gouvernement solide, national, définitif, capable de donner à la nation la sécurité et la prospérité au dedans, la considération et une just influence au dehors.

L'Assemblée, divisée en trois grands parti inconciliables, s'opposait à la consolidatio d'une autorité autre que la sienne, et dan laquelle chacun de ces trois partis voyait u rival dangereux.

Le Président voulait faire prévaloir la volont' et l'intérêt de la France; les partis voulaient tout sacrifier à leur ambition.

Si l'article 45 de la Constitution n'avait pas interdit la réélection du Président, le suffrage universel aurait pu, en prorogeant ses pouvoirs, et en écartant de l'Assemblée les brouillons qui lui faisaient obstacle, résoudre à la longue la difficulté dans le sens du vœu général, hautement exprimé par le pays.

Si l'article 111 n'avait pas exigé, pour la révision de la constitution, les *trois quarts* des suffrages, la partie de l'Assemblée, inspirée par l'opinion publique et dévouée à la politique du Président, aurait pu imposer aux ambitieux coalisés les modifications nécessaires à la consolidation du Gouvernement; mais cette constitution insensée avait organisé de telle sorte le fonctionnement du suffrage universel et du régime des majorités, qu'*un quart* de l'Assemblée imposait ses volontés aux *trois autres quarts*.

Les montagnards seuls, minorité impuissante par elle-même, suffisaient, grâce à la Constitution, pour river la France entière à un régime énervant et détesté ; ils le prouvèrent le 17 juillet 1851, en faisant rejeter la révision de la Constitution, acceptée, mais en vain, par 446 voix contre 278.

Les issues légales étaient donc fermées.

Que faire?

D'un côté, l'opinion publique s'accusait de plus en plus avec un ensemble et une énergie capables d'entraîner quiconque aurait été à moitié accessible au patriotisme.

L'Assemblée venait à peine de repousser la révision de la Constitution, le 19 juillet, que la France entière la réclama, pendant le mois d'août, par l'organe de *quatre-vingts* Conseils généraux sur *quatre-vingt-cinq*.

Trois la repoussèrent, ceux d'Eure-et-Loir, de la Drôme et de l'Isère.

Deux s'abstinrent d'émettre une opinion, ceux du Cher et de Saône-et-Loire.

Un seul demanda le maintien de la République, celui de Vaucluse.

En deux mois, **quatorze cent mille** pétitions individuelles, demandant la révision, furent déposées sur la tribune.

D'un autre côté, les conspirations contre le Président s'ourdissaient de tous côtés, au grand jour, même au sein de l'Assemblée législative.

Les Questeurs, organes du parti légitimiste et du parti orléaniste, proposèrent de donner au général Changarnier, qui s'était constitué le rival du Président, le commandement d'un corps d'armée, et la proposition, discutée le 17 novembre dans une séance qui rappela et qui égala les plus grands tumultes de la Convention, ne manqua la majorité que de 55 voix.

En prévision du vote de la proposition, les conjurés avaient donné l'ordre d'arrêter les ministres, séance tenante; mais, parfaitement instruit de ces ordres, le général Saint-Arnaud, ministre de la guerre, sortit de la séance avant le vote, en faisant un signe au général Magnan, commandant l'armée de Paris, et à M. de Maupas, préfet de police, qui étaient dans une tribune. M. de Morny les suivit, et tous ensemble se rendirent à l'Élysée, où la décision de l'Assemblée était attendue avec la résolution de ne pas laisser escamoter par des minorités factieuses et coalisées le vote éclatant du 10 décembre.

Ainsi, la Constitution, maintenue, non comme un principe, mais comme un instrument, par les légitimistes et les orléanistes résolus à ne la renverser qu'à leur profit, opposait un obstacle strictement légal et de pure forme aux vœux de la France, exprimés par quatre-vingts Conseils généraux. En outre, ces mêmes partis complotaient au grand jour le renversement du Président, et la proposition des Questeurs était l'équivalent d'une épée, à moitié hors du fourreau.

De son côté, le socialisme et le terrorisme ourdissaient leur réseau et étendaient leurs affiliations. Fallait-il laisser opprimer la volonté nationale, et périr la société?

La conduite du Président avait toujours été et devait rester subordonnée à ce principe : être l'homme de la France.

Il avait exposé ce principe et fait pressentir sa conduite dans le mémorable discours prononcé à Dijon, le 1er juin 1851 :

« D'un bout à l'autre de la France, des pétitions se signent pour demander la révision de la Constitution. J'attends avec confiance les manifestations du pays et les décisions de l'Assemblée... Si la France reconnaît qu'on n'a pas eu le droit de disposer d'elle sans elle, la France n'a qu'à le dire : mon courage et mon énergie ne lui manqueront pas.

« Depuis que je suis au pouvoir, j'ai prouvé combien, en présence des grands intérêts de la société, je ferais abstraction de ce qui me touche. Les attaques les plus violentes et les plus injustes n'ont pu me faire sortir de mon calme;

quels que soient les devoirs que le pays m'impose, il me trouvera décidé à suivre sa volonté, et, croyez-le bien, messieurs, la France ne périra pas dans mes mains. »

Si les partisans des régimes déchus se montraient implacables pour les inquiétudes et les vœux du pays, il y avait néanmoins des hommes honorables et considérables qui, touchés des périls de la société, étaient convaincus de la nécessité de les conjurer. Les solutions constitutionnelles étant devenues impossibles, on accepta de toutes parts la pensée des solutions extra-constitutionnelles.

Tout le monde avait jusqu'alors plus ou moins rêvé son coup d'État.

Le 29 janvier 1849, le général Changarnier laissa voir au Président qu'il était disposé à profiter de l'émotion du moment pour rétablir militairement l'Empire.

Pendant le ministère parlementaire, qui dura du 20 décembre 1848 au 30 octobre 1849, M. Thiers exprima l'avis de proroger jusqu'au terme de dix ans les pouvoirs du Président.

Après les élections socialistes de Paris du 10 mars 1850, M. Molé déclara hautement, en s'appuyant de l'opinion de Lord Lyndhurst, que le rétablissement de l'Empire pouvait seul sauver la société.

Au mois de novembre 1851, dans une réunion qui eut lieu chez M. Daru et à laquelle assistaient M. de Montalembert, M. Buffet, M. Chassaigne Goyon, M. Quentin Bauchart, M. Baroche et M. Fould, M. Rouher lut et appuya un projet de décret ayant pour objet de reviser la Constitution, à la simple majorité, et d'imposer le vote à la minorité par la force, si elle résistait. M. de Montalembert soutint le projet avec la plus grande énergie ; il alla même jusqu'à soutenir l'emploi de la force, et à proposer de faire un appel au pays quand bien même le décret n'obtiendrait pas la majorité.

Le 30 novembre, MM. de Mouchy, de Mortemart et de Montalembert portèrent au Président, revêtue des signatures de cent soixante députés, la proposition d'un Appel au peuple, qui devait être exécuté sur son adoption à une majorité simple.

Le 1er décembre au matin, une pareille proposition fut délibérée et adoptée dans une réunion qui eut lieu chez M. Dariste, et à laquelle assistaient M. Ferdinand Barrot, M. Bérard, M. Dabaux, M. Ducos, M. Dumas, M. Augustin Giraud, M. Le Verrier, M. Mimerel, M. de Rancé, M. Vaysse et M. Lebœuf.

Enfin, le 1er décembre, à six heures du soir, M. de Falloux faisait porter au Président la proposition d'un coup d'État, offrant de le soutenir lui-même à la Tribune, et proposant de disperser au besoin les montagnards par la force, ne mettant d'ailleurs d'autre condition à ces offres que la formation d'un ministère, pris parmi les chefs de la majorité.

Le maintien pur et simple de la constitution de 1848 avait donc paru impossible à tous les hommes considérables ; et, à défaut d'un appel au peuple consenti par les partis, tous avaient proposé un appel au peuple imposé par la force.

C'est parce que la France désirait cette mesure, et que tout le monde la proposait, que le Président l'exécuta le 2 décembre.

Seulement, et différant en celà de tous les autres promoteurs de coups d'État, il se livra sans réserve à la volonté de la France, par cette déclaration mémorable :

« Mon devoir est de sauver le pays en invoquant le jugement du seul souverain que je reconnaisse en France : le peuple.

« Je fais donc un appel loyal à la nation toute entière, et je vous dis : Si vous voulez continuer cet état de malaise qui nous dégrade et comprime notre avenir, **choisissez un autre à ma place, car je ne veux plus d'un pouvoir qui est impuissant à faire le bien.**

« Si, au contraire, vous avez encore confiance en moi, **donnez-moi les moyens d'accomplir la grande mission que je tiens de vous.** »

On sait quelle fut la réponse de la France.

Sur 8,116,733 votants,

Sept millions et demi sanctionnèrent le Deux Décembre.

Six cent quarante mille le blâmèrent.

IV.

Qui donc serait, nous ne dirons pas assez osé, car ce n'est pas l'audace qui manque aux partis, mais assez étranger au bon sens et à la logique, pour blâmer, dans le coup d'État du Deux Décembre 1851, un appel au peuple loyalement exécuté, et ayant pour objet de lui demander sa volonté sur le principe et sur la forme du gouvernement?

Seraient-ce les légitimistes?—Mais comment donc ont-ils agi en 1815? — Ont-ils respecté la constitution? non; appuyés sur les armées étrangères, profitant des malheurs de la patrie, ils imposèrent à la France un régime inconciliable avec les principes de la Révolution, dont le premier de tous est le dogme de la souveraineté nationale.

Seraient-ce les orléanistes?—Mais comment donc ont-ils agi en 1830? — Ont-ils respecté la Charte, au nom de laquelle ils s'étaient soulevés? — non; après s'être appuyés sur elle, ils l'ont brisée, et ils ont bâclé nuitamment, en quelques heures, une constitution qui laissait le pays étranger, comme un mineur, à la direction de ses affaires capitales.

Seraient-ce les républicains? — Mais comment donc ont-ils agi en 1848? — Après avoir hurlé dans les rues de Paris le cri de *vive la réforme*, ont-ils en effet maintenu la constitution en la réformant? — non, ils ont renversé la monarchie sans mandat, établi la république sans mandat, volant ainsi au peuple sa souveraineté, et violant par cela même le dogme fondamental de la démocratie.

Ces partis, qui ont tous commis des usurpations, et qui se coalisent pour en commettre de nouvelles, outrageraient la raison publique en niant la légitimité éclatante du 2 décembre, accompli pour faire un appel loyal à la volonté nationale, et pour remettre aux mains de la France la libre disposition de ses destinées.

Tous ceux qui, directement ou indirectement, orateurs, écrivains ou soldats, ont participé à ce grand verdict populaire, doivent être et sont fiers de cette participation.

La constitution du 14 janvier 1852 ayant mis à la disposition de l'Empereur le moyen légal d'un appel au peuple, par voie de plébiscite, les Coups d'État sont, sous cette constitution, complétement inutiles et impossibles, et c'est par les voies régulières, par l'application normale des lois que l'ordre doit être maintenu désormais.

Mais que les ambitieux, les conspirateurs, les usurpateurs de souveraineté ne s'y trompent pas : le peuple a placé à sa tête une dynastie dont le nom signifie sécurité publique, et qui jamais ne laissera escamoter le pouvoir que la France lui a donné.

Quant à nous qui, il y a dix-sept ans, avons coopéré au 2 décembre, nous avons trouvé bon de replacer sous les yeux du public le récit fidèle que nous en écrivîmes au moment même où les événements s'accomplissaient.

Château du Couloumé, le 25 novembre 1868.

A. GRANIER DE CASSAGNAC.

RÉCIT COMPLET

ET AUTHENTIQUE

DES

ÉVÉNEMENTS DE DÉCEMBRE 1851

A PARIS ET DANS LES DÉPARTEMENTS

I.

Tout le monde est encore frappé de la situation intolérable dans laquelle l'hostilité systématique de l'Assemblée et les conspirations flagrantes des anciens partis avaient jeté la France.

On ne pouvait ni travailler ni gouverner. C'était une agonie générale de toutes choses, de l'agriculture, de l'industrie, du commerce, des lois, du pouvoir, de la société.

Les chemins de fer ? — L'Assemblée en arrêtait l'exécution, par d'incessantes lenteurs et par d'impraticables systèmes.

L'action unique et vigoureuse du pouvoir, nécessaire à la compression du socialisme? — L'Assemblée la tenait en échec, en refusant une loi qui permît de révoquer les mauvais maires.

La gratitude et la considération dues aux anciens services de l'Armée? — L'Assemblée les refusait, en écartant la demande, pourtant si modeste, faite en vue de secourir la glorieuse infortune des vieux soldats.

La révision d'une constitution insensée, qui livrait la France, pieds et poings liés, au communisme et à la démagogie? — L'Assemblée la repoussait, quoiqu'elle fût demandée par plus de deux millions de pétitionnaires, par l'immense majorité des conseils d'arrondissement et par quatre-vingts conseils généraux des départements, sur quatre-vingt-six.

II.

La situation était donc intolérable; il fallait en sortir et en finir.

Tous les partis le sentaient.

En partant pour leurs départements, au moment de la prorogation, un grand nombre de représentants conservateurs, allant prendre congé du Président de la République, le conjuraient de dissoudre l'Assemblée avant son retour.

A la même époque, le parti qu'on nomme de la fusion fit faire des ouvertures au Président, soit pour l'aider à sauver la société, soit pour se réunir à lui, afin de maintenir l'ordre, s'il devenait indispensable de faire un coup d'État.

Peu de jours avant la rentrée de l'Assemblée, des représentants appartenant au parti rouge et socialiste firent proposer au Président de s'appuyer sur eux, et de prendre un ministère dans leurs rangs.

Enfin, le 1er décembre, dans la soirée, une proposition de concours fut apportée à Louis-Napoléon, au nom de chefs légitimistes.

On le voit, tous les partis, sans exception, jugeaient que la position n'était plus tenable ; tous proposaient au Président de l'aider à en sortir; — seulement, chacun de ces partis voulait que le Président s'appuyât exclusivement sur lui ; — et Louis-Napoléon n'a voulu s'appuyer que sur la France.

III.

Le Président de la République, investi par deux conspirations, et obligé par sa responsabilité comme chef de l'État, n'avait plus la liberté de sa conduite; il ne lui restait que le choix du genre de dévouement pour préserver la France et l'Europe.

C'était d'abord une vaste organisation de brigands, dirigée par les sociétés, et abritée derrière le drapeau de ce qu'on nommait les Montagnards, dont la plupart assurément ne savaient pas la nature et l'étendue des abominations qu'ils patronnaient. Le gouvernement connaissait toutes les mailles de ce réseau, et tenait dans ses mains tous les fils de cette trame communiste. Les rapports précis et détaillés des préfectures et des parquets ne laissaient aucun doute possible sur les plans d'incendie, de pillage et de massacre, dont l'affaiblissement des pouvoirs publics aurait amené l'explosion certaine au mois de mai prochain, et qui pouvaient d'ailleurs éclater à la faveur de la première crise.

C'était ensuite une conspiration, ourdie par les anciens partis, coalisés contre le Président de la

République, avec le dessein de le renverser, et de lui substituer la dictature de l'Assemblée. Les projets, les plans, le personnel de cette conspiration étaient parfaitement connus de Louis-Napoléon. Lorsque nous la dénonçâmes hautement, dans le *Constitutionnel* du 24 novembre, les conspirateurs, quoique désignés par leurs noms, n'osèrent pas nous traduire à la barre de l'Assemblée, parce qu'ils supposaient, non sans quelque raison, que nous nous serions présenté avec des dates, des faits et des écrits, et que nous aurions accusé, au lieu de nous défendre. Cette conspiration des anciens partis était même si avancée dans son œuvre, qu'on a trouvé, dans les papiers de M. Baze, les décrets organiques du gouvernement nouveau, la distribution des principaux emplois, et la préparation d'une prise d'armes, fondée sur le concours présumé de la 10e légion de la garde nationale de Paris.

IV.

On le voit, cette constitution, que les parlementaires ont entourée, le 2 décembre, de tant de vénération hypocrite, était menacée par eux d'une ruine prochaine ; et le Président, chargé d'une responsabilité immense, ne pouvait plus hésiter.

Qui l'aurait retenu ? Les partis étaient notoirement impuissants à sauver la France, et leur coalition n'eût pas survécu à leur triomphe. La légalité aggravait chaque jour les périls de la société, en affaiblissant le pouvoir, en fortifiant le communisme, en détendant le ressort de l'administration et des lois. Le Président était encore maître de ses mouvements ; dans quelques mois, il eût été trop tard, pour lui et pour tout le monde.

En face d'un tel péril, pénétré de la confiance des six millions d'hommes qui lui avaient confié leurs destinées, et des devoirs que cette confiance lui imposait, il se résolut à sauver le pays, sachant bien qu'il donnait, comme gages de sa loyauté, sa tête aux passions du présent, sa mémoire au jugement de l'avenir.

C'est immédiatement après l'acte d'hostilité des questeurs que le Président prit son parti et ses mesures, pour une éventualité évidemment très-prochaine. Trois hommes furent les confidents de sa pensée : M. de Saint-Arnaud, ministre de la guerre ; M. de Morny, représentant du peuple, et M. de Maupas, préfet de police. Louis-Napoléon leur fit connaître les dangers immenses qui menaçaient la société, et que chaque jour aggravait ; il leur exposa les desseins qu'il avait formés pour les conjurer, et leur demanda leur concours : tous trois le promirent ; M. de Morny, pour toute la responsabilité politique à encourir, comme ministre de l'intérieur ; M. de Saint-Arnaud, pour les opérations militaires ; M. de Maupas, pour l'action de la police.

Pendant plus de quinze jours, ces trois hommes arrêtèrent avec le Président tous les détails de cet acte immense, dont le 18 brumaire n'égale ni la difficulté, ni l'habileté, ni la grandeur ; et les moindres choses y furent prévues, concertées, détaillées, préparées, avec un si merveilleux secret, qu'à l'exception de trois ou quatre amis sûrs du Président, confidents anciens et constants de sa pensée, et agents nécessaires de ses desseins, personne n'en eût même un soupçon, avant la minute suprême qui précéda la mise en scène.

V.

La simultanéité de toutes les mesures à prendre était évidemment la première condition du succès ; et les mesures principales étaient au nombre de quatre : arrestation des personnes coupables ou dangereuses, publication des actes officiels, investissement et occupation du palais de l'Assemblée, et distribution des troupes sur les points jugés nécessaires.

L'heure de six heures un quart fut fixée pour l'exécution simultanée de toutes ces mesures.

Il ne fallait pas que le plan se décelât par quelqu'une de ses parties, mais qu'il se révélât et qu'il s'imposât par son ensemble. A six heures un quart, les arrestations s'opéraient; à six heures et demie, les troupes arrivaient à leurs postes; à sept heures, le décret de dissolution et les proclamations partaient de la Préfecture de police, pour aller couvrir les murs de Paris.

A six heures et demie précises, M. de Morny prenait possession du ministère de l'intérieur, accompagné de deux cent cinquante chasseurs de Vincennes, et remettait à M. de Thorigny une lettre dans laquelle le Président le remerciait de ses bons services, et lui faisait part de l'acte décisif auquel il s'était résolu.

Ce qui concernait l'impression et la publication du décret de dissolution de l'Assemblée, de la proclamation à l'armée et de l'appel au peuple avait été confié à M. de Béville, lieutenant-colonel d'état-major, officier d'ordonnance du Président. Les ouvriers nécessaires furent consignés à l'imprimerie nationale pour un travail urgent; le directeur fut mandé à son poste, à onze heures précises, sous un prétexte décent; à minuit sonnant, une compagnie de gendarmerie mobile, demandée pour protéger l'imprimerie contre un danger supposé, entra dans la cour; des sentinelles furent immédiatement placées à toutes les portes et à toutes les fenêtres; et, seulement après ces précautions prises, M. de Béville produisit les pièces qui lui étaient confiées, et dont il surveilla personnellement jusqu'au bout l'impression et l'arrivée à la préfecture de police.

VI.

Les personnes dont la police devait opérer l'enlèvement étaient de deux sortes : les représentants plus ou moins engagés dans une conspiration flagrante, les chefs de sociétés secrètes, et les commandants de barricades, toujours prêts à exécuter les ordres des factions. Les unes et les autres étaient surveillées et comme gardées à vue, depuis quinze jours, par des agents invisibles, et pas un de ces agents ne soupçonnait le but de sa mission réelle, ayant tous reçu des missions diverses et imaginaires.

Le nombre total des personnes à enlever s'élevait à soixante-dix-huit, dont dix-huit représentants, et soixante chefs de sociétés secrètes et de barricades.

Les huit cents sergents de ville et les brigades de sûreté avaient été consignés à la préfecture de police, le 1er décembre, à onze heures du soir, sous le prétexte de la présence à Paris des réfugiés de Londres. A trois heures et demie du matin, le 2, les officiers de paix et les quarante commissaires de police étaient convoqués à domicile. A quatre heures et demie, tout le monde était arrivé et placé, par petits groupes, dans des pièces séparées, afin d'éviter les questions.

A 5 heures, tous les commissaires descendirent, un à un, dans le cabinet du préfet, et reçurent de sa bouche la confidence pleine et entière de la vérité, avec les indications, les instruments et les ordres nécessaires. Les hommes avaient été appropriés avec un soin spécial au genre d'opération qui leur était confié; et tous partirent, pleins de zèle et d'ardeur, résolus d'accomplir leur devoir à tout prix. Aucun n'a failli à sa promesse. Un grand nombre de voitures, préparées à l'avance, stationnaient, par groupes, sur les quais, aux abords de la préfecture de police, de manière à ne réveiller l'attention de personne.

Les arrestations avaient été combinées, entre le préfet de police et le ministre de la guerre, de façon à ce qu'elles précédassent d'un quart d'heure l'arrivée des troupes sur les lieux indiqués. Les arrestations devaient être opérées à six heures et un quart; et les agents avaient ordre de se trouver à la porte des personnes désignées, à six heures et cinq minutes. Tout s'effectua avec une merveilleuse ponctualité; et aucune arrestation n'exigea plus de vingt minutes

---

VII.

Quelques-unes de ces arrestations présentent des faits caractéristiques, et nous croyons digne d'intérêt d'en conserver les traits principaux.

Tous les détails que nous allons donner à cet égard sont scrupuleusement exacts, ayant été relevés sur les pièces officielles.

La plus importante de toutes, celle de M. le général Changarnier, avait été confiée à deux hommes d'une rare énergie, le commissaire de police Leras et le capitaine Baudinet, de la garde républicaine. Ils étaient assistés de quinze agents choisis, de trente gardes républicains et d'un piquet de dix hommes à cheval.

A six heures et cinq minutes, le commissaire de police sonnait à la porte de la maison du général, rue du Faubourg-Saint-Honoré, nº 3. Le concierge, après le *qui est là* d'usage et la réponse, *ouvrez, on veut vous parler*, refusa d'ouvrir. Il devint dès lors évident que le concierge était sur ses gardes: et l'agent le plus rapproché reçut, à voix basse, l'ordre de continuer de parlementer avec lui, afin de l'occuper à la porte et de l'empêcher de monter chez le général.

A côté de la porte, et dans la même maison, se trouve un magasin d'épiceries; quelques pratiques étaient déjà au comptoir. L'idée vint au commissaire que le logement de l'épicier devait communiquer dans la cour. Il entre, demande la clef de communication d'un ton impératif, l'obtient, et pénètre ainsi dans la maison, suivi de son monde. Le concierge avait déjà donné l'alarme par un grand bruit de sonnettes aboutissant à l'appartement du général, et son domestique fut trouvé sur le palier du premier étage, au-dessus de l'entresol. La clef de l'appartement, qu'il avait à la main, lui fut arrachée; le commissaire ouvrit la porte et entra.

En même temps s'ouvrait, de l'intérieur, une porte de chambre à coucher, et le général parut, en chemise, nu-pieds, un pistolet à chaque main.

Le commissaire se précipita sur ses bras, et abattit ses armes, en lui disant: « Qu'allez-vous faire? général; on n'en veut pas à votre vie; pourquoi la défendre? »

Le général resta calme, livra ses pistolets, et dit: « Je suis à vous, je vais m'habiller. »

Le général fut habillé par son domestique, et dit au commissaire: « Je sais que M. de Maupas est un homme bien élevé; veuillez lui dire que j'attends de sa courtoisie qu'il ne me prive pas de mon domestique dont je ne puis me passer. » Cette demande fut immédiatement accordée.

En route, et dans la voiture, M. le général Changarnier parla de l'événement du jour. « La réélection du Président était certaine, dit-il ; il n'avait pas besoin de recourir à un coup d'État ; il se donne bien de la peine inutilement. » Plus tard il ajouta : « Quand le Président aura la guerre à l'étranger, il sera content de me trouver, pour me confier le commandement d'une armée. »

VIII.

L'arrestation de M. le général Cavaignac ne fut ni plus difficile, ni plus longue. Entré dans la maison, rue du Helder, 17, le commissaire Colin engage le dialogue suivant avec le concierge:

« Où demeure le général Cavaignac?—Il n'y est pas. — Il faut absolument que je lui parle; je sais qu'il y est. — Il n'y est pas; du reste il dort. Vous venez trop matin; son logement est à l'entresol. »

On frappe à la porte, et l'on demande le général; une voix de femme répond d'abord: « Il n'y est pas. » — Un moment après, le commissaire sonne de nouveau. Alors une voix d'homme demande: « Qui est là? — Commissaire de police; au nom de la loi, ouvrez. — Je n'ouvre pas. — Général, je vais enfoncer la porte. »

Le général ouvrit alors lui-même.

Le commissaire lui dit: « Général, vous êtes mon prisonnier. Toute résistance est inutile; mes mesures sont prises; j'ai l'ordre de m'assurer de votre personne, en vertu d'un mandat dont je vais vous donner lecture. — C'est inutile. »

Le général se montre exaspéré. Il frappe du poing sur une table de marbre, et s'emporte en injures.

Le commissaire l'invitant à la modération, le général le regarda fixement, et lui dit : « Comment ! m'arrêter, moi ? Je veux avoir vos noms. — Nous ne vous les cacherons pas, général ; mais ce n'est point le moment. Il faut vous habiller et nous suivre. »

Le général se calme, et dit : « C'est bien, monsieur, je suis prêt à vous suivre ; donnez-moi le temps de m'habiller ; faites retirer votre monde. » — Il demande la permission d'écrire. Elle lui est accordée.

Quand le général fut prêt, il dit au commissaire : « Partons, monsieur ; je vous demande pour grâce unique de me rendre à destination avec vous seul. » — Le commissaire acquiesça.

Pendant le trajet, le général paraissait livré à de graves préoccupations, qui n'ont été interrompues que par ces paroles : « Suis-je seul arrêté ? — Général, je n'ai pas à répondre à cette question. — Où me conduisez-vous ? — A Mazas. »

IX.

Lorsque le commissaire de police Blanchet se présenta à la maison habitée par M. le général de Lamoricière, rue Las Cases, 11, le concierge refusa de donner de la lumière et d'indiquer l'appartement du général.

Le commissaire de police sonne au premier étage; un domestique paraît, et referme soudain la porte. Il se ravise, revient tenant une lampe à la main, et apercevant l'écharpe du commissaire, éteint brusquement sa lampe, et se sauve par un escalier dérobé, en criant : Au voleur ! Il est arrêté par des sergents de ville, placés dans la rue, devant l'hôtel. Il s'est alors résigné, et a guidé le commissaire vers la chambre de son maître.

D'abord, le général n'a pas dit un seul mot ; puis il a jeté les yeux sur sa cheminée, et a demandé à son domestique ce qu'était devenu l'argent qu'il y avait déposé. Celui-ci lui ayant répondu qu'il était en sûreté, le général a demandé ses vêtements et s'est habillé. Le commissaire lui dit : « Monsieur, l'observation que vous venez de faire est très-blessante pour moi.

— Qui me dit que vous n'êtes pas des malfaiteurs? » répond le général; à ces mots, le commissaire lui montre son écharpe. Le général garde le silence.

M. Blanchet lui dit : « Général, j'ai reçu de M. le préfet de police l'ordre de vous traiter avec tous les égards possibles. Je veux donc avoir pour vous tous les ménagements imaginables, et si vous me donnez votre parole d'honneur que vous ne chercherez point à prendre la fuite, je me ferai un devoir de vous mettre dans un coupé, où vous n'aurez que moi pour gardien. — Je ne vous donne rien, je ne réponds de rien, faites de moi ce que vous voudrez. »

On le fit alors monter dans un fiacre avec des agents.

En face du poste de la Légion-d'Honneur, le général mit la tête à la portière et voulut haranguer la troupe. Le commissaire ne lui laissa pas le temps de proférer une parole, et lui fit observer qu'il se verrait forcé de le traiter avec rigueur s'il faisait une nouvelle tentative. Le général répondit : « Faites ce qu'il vous plaira. »

A son arrivée à la prison Mazas, le général s'est montré beaucoup plus calme. Il a prié le commissaire de ne point saisir ses armes précieuses, et de lui envoyer des cigares et l'histoire de la *Révolution française*. — Le commissaire accéda à son désir.

X.

M. le général Leflô, logé à la Questure, était au lit. Le commissaire Bertoglio le réveille, et lui fait connaître son mandat. Il se lève, s'habille en proférant des menaces contre le commissaire et des injures envers le Président. « Napoléon veut faire son coup d'État! Nous le fusillerons à Vincennes. Quant à vous, nous ne vous enverrons pas à Nouka Hiva, nous vous fusillerons avec lui. » Le commissaire lui répondit qu'il n'y avait aucune résistance à faire, qu'on était en état de siége, qu'il devait en connaître les conséquences.

En montant en voiture, il apostropha le colonel du 42e de ligne, et voulut haranguer les soldats. Le colonel Espinasse lui imposa silence, et les soldats croisèrent la baïonnette sur lui.

De l'Assemblée à Mazas, le général Leflô n'a pas proféré une parole.

XI.

M. le général Bedeau habite, rue de l'Université, 50, une maison considérable, où il y a plusieurs escaliers. Le commissaire Hubaut jeune ignorait quel était celui qui conduisait à l'appartement du général, et à quel étage cet appartement était situé. Il fallait agir avec adresse auprès du concierge. Le commissaire y entra seul. Le concierge refusa d'indiquer le logement, disant : « Je ne vous ai jamais vu venir chez le général ; par le temps qui court, il faut se méfier des rôdeurs de nuit. » Il finit par céder, et guida le commissaire.

Le domestique accourt, et entr'ouvre la porte ; le commissaire la pousse, et se porte en avant. Le domestique se sauve épouvanté ; le commissaire le suit, arrive près du général, et lui fait connaître son mandat.

Le général fut atterré. Bientôt, se remettant de sa surprise, il protesta, cria à la violation de la Constitution, et dit au commissaire : « Vous vous mettez hors la loi. Vous ne devez pas oublier que je suis représentant du peuple, vice-président de l'Assemblée. Vous ne pouvez m'arrêter, puisque vous ne constatez pas le flagrant délit. »

Il protesta ensuite qu'il ne conspirait pas, et demanda le nom du commissaire. Il lui dit qu'il l'avait vu honorablement cité dans les journaux, que cela l'étonnait d'autant plus de voir qu'il avait pu arrêter le général Bedeau, le vice-président de l'Assemblée, le soldat qui avait versé son sang pour la cause de l'ordre, lui qui savait jouer sa vie et qui aurait déjà pu, s'il en eût eu l'intention, en renverser quelques-uns.

Le commissaire lui répondit qu'il n'avait pas à commenter son mandat, mais à l'exécuter; que si le général savait jouer sa vie, il était décidé, lui, à faire le sacrifice de la sienne pour l'accomplissement de ses devoirs; qu'il fallait qu'il se soumît sans violence, ou qu'autrement il se verrait forcé d'employer les moyens extrêmes.

Il ordonna au général de se lever. Le général fit sa toilette avec une lenteur désespérante. Au moment de partir, le visage du général devint sombre et colère. Il s'adossa à la cheminée et dit : « Maintenant, je ne partirai pas. Je ne sortirai que si vous m'emmenez comme un malfaiteur, que si vous m'arrachez de chez moi, que si vous osez me saisir au collet, moi, le vice-président de l'Assemblée nationale. »

Le commissaire lui dit : « Reconnaissez-vous que j'ai apporté dans ma mission tous les procédés convenables envers vous? — Oui, monsieur, » répondit le général. Alors le commissaire le saisit. Le général fit la plus vive résistance. On le porta dans la voiture. Il criait : « A la trahison ! aux armes ! Je suis le vice-président de l'Assemblée, et on m'arrête ! » Tout fut inutile ; la voiture partit, et les sergents de ville la suivirent.

Arrivé à Mazas, il apostropha un peloton de gardes républicains, qui restèrent sourds à ses paroles.

Au greffe, le général Bedeau rencontra les généraux Leflô, Changarnier et Cavaignac. Il embrassa ce dernier.

XII.

M. le colonel Charras, logé rue du Faubourg-Saint-Honoré, 14, refusa d'abord d'ouvrir ; mais, voyant voler sa porte en éclats, il dit : « Arrêtez, je vais ouvrir. » Il ouvrit en effet.

Le commissaire Courteille lui notifie son mandat. Le colonel dit : « Je l'avais bien prévu, je m'y attendais; j'aurais pu me sauver, mais je n'ai pas voulu quitter mon poste. Je croyais que cela se serait fait deux jours plus tôt, et, dans cette prévision, j'avais chargé mon pistolet, mais je l'ai déchargé ; » et il montrait un pistolet à deux coups, sur une commode. Le commissaire s'en empara. « Si vous étiez venu ce jour-là, dit le colonel, je vous aurais brûlé la cervelle. »

Il monta en voiture sans résistance. Dans le trajet, il demanda où on le conduisait. Comme le commissaire hésitait à répondre, il lui dit : « Me menez-vous fusiller ? » Le commissaire lui dit alors qu'on le conduisait à Mazas.

Arrivé à la prison, M. Charras s'anima, refusa de faire connaître son état civil, exigeant qu'on mît *représentant du peuple* sur son ordre de consigne.

XIII.

Le commissaire Boudrot pénétra dans la chambre du célèbre M. Charles Lagrange, logé rue Casimir-Périer, 27, au moment où il se levait, pour s'informer du motif des cris de terreur poussés par sa domestique, qui était venue ouvrir la porte.

M. Lagrange protesta ; il dit qu'on violait la Constitution : qu'il lui suffirait de tirer un coup de pistolet par la fenêtre pour appeler le peuple aux armes, que s'il voulait se défendre, il pouvait les tuer, et qu'on serait obligé d'employer la force pour l'arracher de chez lui.

On saisit de nombreux papiers politiques, 2 pistolets, un fusil de munition, 2 moules à balles, des cartouches, trois poignards, et un sabre de cavalerie, numéroté 478, reconnu par le maréchal des logis de la garde républicaine, Kerkan, comme lui ayant appartenu et ayant été volé, le 24 février, dans la caserne où il était domicilié.

Dans le trajet de son domicile à Mazas, M. Charles Lagrange dit plusieurs fois : « *Le coup est hardi, mais c'est bien joué.* »

A Mazas, M. Charles Lagrange s'adressa à M. de Lamoricière, et lui dit : « Eh bien, général ! nous voulions le f..... dedans, mais c'est lui qui nous y met ! »

XIV.

M. Greppo, l'ardent socialiste, logé rue de Ponthieu, 15, avait tout un arsenal sous son chevet : une énorme hache d'armes fraîchement aiguisée, deux poignards, un pistolet chargé, et un superbe bonnet rouge tout neuf.

L'arrivée du commissaire Gronfier et des agents plongea M. Greppo dans une prostration complète. Interrogé sur les objets trouvés sous son chevet, il répondit qu'il les avait achetés *parce qu'il avait du goût pour la marine.*

Madame Greppo, qui est une femme pleine d'énergie, adressa les paroles les plus vives à son mari : « Est-il possible, s'écria-t-elle, d'avoir si peu de résolution, et de se laisser arrêter ainsi sans résistance ! »

Mais, hélas ! ni ces paroles, ni la vue de la hache d'armes ne purent ranimer M. Greppo. « Comment aurait-il résisté ? écrit un témoin oculaire. *M. Greppo fut saisi d'un dérangement auquel il dut satisfaire.* »

XV.

Peut-être voudra-t-on savoir comment se fit l'arrestation de M. Baze ? — Elle se fit sans obstacle sérieux, quoique avec une lutte. M. Baze a résisté *unguibus et rostro*, comme un de ces procureurs que Pétrone appelle *vultures togati*.

XVI.

Lorsque le commissaire de police Hubaut aîné pénétra dans la chambre à coucher de M. Thiers, place Saint-Georges, n° 1, M. Thiers dormait profondément. Le commissaire écarta les rideaux en damas cramoisi, doublés de mousseline blanche, réveilla M. Thiers, et lui notifia sa qualité et son mandat.

M. Thiers se mit vivement sur son séant, porta les mains à ses yeux, sur lesquels s'abaissait un bonnet de coton blanc, et dit :

« De quoi s'agit-il? — Je viens faire une perquisition chez vous ; mais soyez tranquille, on ne vous fera pas de mal ; on n'en veut pas à vos jours. » Cette dernière assurance semblait nécessaire, car M. Thiers était atterré.

« Mais que prétendez-vous faire? Savez-vous que je suis représentant ? — Oui, mais je ne puis discuter avec vous sur ce point ; je dois exécuter les ordres que j'ai. — Mais ce que vous faites là peut vous faire porter votre tête sur l'échafaud ! — Rien ne m'arrêtera dans l'accomplissement de mes devoirs. — Mais c'est un coup d'État que vous faites là ! — Je ne puis répondre à vos interpellations ; veuillez vous lever, je vous prie. — Savez-vous si je suis seul dans le même cas ? en est-il de même de mes collègues ? — Monsieur, je l'ignore. »

M. Thiers se leva et s'habilla lentement, refusant les services des agents. Tout à coup il dit au commissaire : « Mais, monsieur, si je vous brûlais la cervelle ? — Je vous crois incapable d'un pareil acte, monsieur Thiers ; mais en tout cas, j'ai pris mes mesures, et je saurai bien vous en empêcher. — Mais connaissez-vous la loi ? Savez-vous que vous violez la Constitution ? — Je n'ai pas mission de discuter avec vous, et d'ailleurs vous possédez des connaissances trop supérieures aux miennes. Je ne puis qu'exécuter les ordres qui me sont donnés, comme j'eusse exécuté les vôtres, quand vous étiez ministre de l'intérieur. »

Une perquisition faite dans le cabinet de M. Thiers n'amena la découverte d'aucune correspondance politique. Sur l'étonnement qu'en témoignait le commissaire, M. Thiers répondit qu'il adressait depuis longtemps sa correspondance politique en Angleterre, et qu'on ne trouverait rien chez lui.

Prié de descendre et de partir, M. Thiers se troubla, parut craintif et plein d'hésitation dans ses mouvements. On lui laissa croire qu'il était conduit auprès du préfet de police. La direction que prit la voiture augmenta ses appréhensions, et il s'efforça, en route, par toutes sortes de raisonnements captieux et comminatoires, de détourner les agents de l'accomplissement de leurs devoirs.

Arrivé à la prison Mazas, M. Thiers demanda s'il pourrait avoir son café au lait, comme à son habitude. On le combla d'attentions. Son courage, il faut bien le dire, l'abandonna tout à fait en prison, et il ne s'éleva pas au-dessus de la fermeté de M. Greppo.

Dispensé, par une haute volonté, du transfèrement à Ham, M. Thiers fut provisoirement ramené chez lui. Par une décision nouvelle, M. Thiers dut être conduit sur la rive droite du Rhin, au port de Kehl.

L'officier de paix Veindenbach alla prendre M. Thiers chez lui, le 8 décembre, à six heures du soir. M. Mignet et un autre ami accompagnèrent M. Thiers jusqu'à l'embarcadère du chemin de fer de Strasbourg, et M. Grangier de la Marinière l'accompagna jusqu'à Kehl.

Au moment de partir, et pendant les premiers instants de la route, M. Thiers versa d'abondantes larmes. Larmes justes, nobles et fécondes, si elles coulaient comme l'expiation de tant de doctrines révolutionnaires et de tant d'actes anarchiques; larmes amères, si elles n'étaient que le dépit d'une ambition jalouse et insatiable, tombée d'une hauteur inespérée, sans dignité et sans éclat.

Arrivé à Kehl, M. Grangier de la Marinière apporta

à l'officier de paix Veindenbach une protestation, et une lettre de remercîment pour les égards dont M. Thiers avait été l'objet. M. Thiers annonçait qu'il se rendait à Francfort, et de là à Dresde, où il devait rencontrer un ancien ami, avec lequel il se distrairait en faisant de la peinture.

XVII.

En même temps que les représentants, étaient arrêtés dans leurs lits, et sans la moindre difficulté, les chefs les plus dangereux des sociétés secrètes et des barricades. Ce genre d'arrestations se poursuit sans relâche, et a déjà donné de grands résultats. Le public ne connaît guère les noms de ces audacieux et infatigables ennemis de la société; et nous ne citerons ici que ceux qui passent pour les plus célèbres dans le monde de l'émeute.

Ce sont :

MM. Grignon (Henri-Gustave).
Stevenot.
Michel.
Artaud (Denis-Claude).
Geniller (Guillaume).
Philippe (Alphonse).
Bregnet (Armand).
Delpech (Célestin).
Gabriel (Nicolas-François).
Schmidt (Jacques-Frédéric).
Baune, frère du représentant.
Vasbenter.

Houl (Michel-Abraham).
Cellier (Charles).
Jacotier (Louis-François).
Kuch (Marie-Alphonse).
Six (Théodore).
Brun (François).
Lemesle.
Malapert (Pierre-Antoine).
Hiblach.
Lecomte (Minor).
Meunier (Arsène).
Buisson (Alexandre).
Mussot (Pierre).
Bonvallet (Théodore-Jacques).
Choquin (Étienne-Simon-Nicolas).
Guiterie (Charles).
Billotte (Léon-Joseph).
Voinier (Aimé).
Thomas.
Curnel.
Boireau.
Crousse (Charles-Joseph-Albert).
Baillet.
Noguez (Antoine-Denis).
Lucas (Louis-Julien).
Lassere (Jean-Isidore).
Cahaigne.
Magen (Hippolyte).
Polino (Antoine-Charles).

XVIII.

Quoique essentiellement délicate de sa nature, la mission confiée à l'armée ne pouvait laisser aucun doute ni au Président de la République, ni au ministre de la guerre.

En effet, que lui demandait Louis-Napoléon Bonaparte ? — Un trône ? — Nullement. Le triomphe de tel ou de tel parti politique ? — Nullement.

Louis-Napoléon Bonaparte demandait à l'armée de protéger la liberté de la France entière contre les entreprises des factions, et de maintenir l'ordre dans les rues, jusqu'à ce que dix millions d'électeurs, solennellement consultés, eussent fait connaître leur volonté par un vote.

Une mission si simple, si noble, si loyale, confiée à une armée admirable de discipline et de patriotisme, ne pouvait être qu'ardemment acceptée et ponctuellement remplie.

C'est à trois heures et demie du matin seulement, trois heures avant le moment fixé pour l'exécution, que M. le général Magnan, commandant en chef de l'armée de Paris, fut mandé auprès du ministre de la guerre, et reçut de lui en même temps l'explication des mesures à prendre, et les ordres nécessaires pour les exécuter. M. le général Magnan avait déjà reçu la confidence de cette éventualité; la nécessité de la mesure lui était démontrée, et il avait demandé à n'être prévenu qu'au moment de monter à cheval. Il y a un tel bon sens et une telle discipline dans l'armée de Paris, que chaque régiment était à son poste à la minute indiquée.

M. le colonel Espinasse, commandant le 42e de ligne, de la brigade Ripert, fut chargé d'investir et d'occuper le palais de l'Assemblée législative. L'Assemblée était gardée ce jour-là par un bataillon du 42e, sous les ordres supérieurs du lieutenant-colonel Niol, du 44e de ligne, qui exerçait son commandement au nom de l'Assemblée. Le colonel Espinasse, officier d'une rare intelligence et d'une mâle résolution, est une des plus brillantes réputations de l'armée, et s'est distingué d'une manière particulière au siége de Rome, et tout récemment dans la Kabylie, dans plusieurs combats opiniâtres où il commandait l'arrière-garde.

XIX.

A six heures et un quart, le colonel Espinasse arrivait à la grille de l'Assemblée, donnant sur la place de Bourgogne, se la faisait ouvrir, et envoyait chercher le chef de bataillon, pendant que ses troupes envahissaient les cours. Le chef de bataillon fut régulièrement relevé par son chef hiérarchique, et le bataillon de garde ramené à la caserne. En même temps que le 42e de ligne, entraient dans l'enceinte législative trois commissaires de police, accompagnés de dix agents chacun, et chargés d'arrêter les questeurs.

L'Assemblée fut environnée et occupée, sans la moindre difficulté, à six heures et demie. M. de Persigny, confident de toutes ces mesures, et dont l'abnégation égale le dévouement, avait assisté à cette délicate et importante opération, et alla en rendre compte à l'Élysée.

Pour terminer ici ce qui concerne le palais de l'Assemblée, nous devons dire qu'une consigne, mal donnée ou mal comprise, permit à environ soixante représentants d'y pénétrer individuellement, par une petite porte située dans la rue de Bourgogne, en face de la rue de Lille. Ces députés se réunirent dans la salle des conférences, et y devinrent un peu bruyants. Sur l'avis de leur présence, parvenu au ministère de l'intérieur, l'ordre fut donné de les faire sortir immédiatement. Le commandant Saucerotte de la garde municipale, chargé de l'exécution de cet ordre, la fit précéder d'un petit discours plein d'esprit. M. le président Dupin, appelé par ses collègues, leur fit aussi son discours en ces termes : « Messieurs, la Constitution est violée, nous avons pour nous le droit, mais nous ne sommes pas les plus forts. Je vous engage à vous retirer; j'ai bien l'honneur de vous saluer. »

Comme ces paroles ne paraissaient pas décisives sur la réunion, le commandant déclara qu'il allait faire entrer ses soldats; et aussitôt les représentants se retirèrent.

XX.

Toutes ces mesures avaient été exécutées avec une telle promptitude, avec un tel ensemble, avec une telle précision et un tel calme, que Paris, stupéfait, se réveilla, le 2 décembre, sous le poids immense et irrésistible d'un fait accompli par la sagesse et par le courage de quelques-uns, dans l'intérêt et pour le salut de tous.

Il n'y avait qu'un cri : *C'est bien joué !*

La première et universelle impression fut favorable, parce que le Président se montrait à la fois très-habile, très-résolu et très-fort.

Personne ne songeait plus à la Constitution, qu'on s'était habitué à mépriser ; personne ne s'informait et ne s'occupait des représentants, qu'on s'était habitué à dédaigner ; l'acte énergique du Président était généralement accepté, avec cette seule réserve : — *Réussira-t-il ?*

XXI.

Après la première surprise, la population courut aux nouvelles, et se porta aux affiches, que de nombreux agents appliquaient encore sur les murs.

On lut d'abord le décret suivant, qui annonçait et qui résumait le grand acte du 2 décembre :

AU NOM DU PEUPLE FRANÇAIS

LE PRÉSIDENT DE LA RÉPUBLIQUE

DÉCRÈTE :

Art. 1er. L'Assemblée nationale est dissoute.

Art. 2. Le suffrage universel est rétabli. La loi du 31 mai est abrogée.

Art. 3. Le peuple français est convoqué dans ses comices, à partir du 14 décembre jusqu'au 21 décembre suivant.

Art. 4. L'état de siége est décrété dans l'étendue de la 1re division militaire.

Art. 5. Le Conseil d'État est dissous.

Art. 6. Le ministre de l'intérieur est chargé de l'exécution du présent décret.

Fait au palais de l'Élysée, le 2 décembre 1851.

LOUIS-NAPOLÉON-BONAPARTE.

Le Ministre de l'intérieur,
DE MORNY.

XXII.

Nous l'avons déjà dit, personne ne regrettait l'Assemblée ; on s'occupait encore moins du Conseil d'État, devenu une succursale des intrigues parlementaires. Le pays tout entier était appelé à prononcer librement sur ses destinées ; on sentait qu'on ne serait plus escamoté par des comités d'intrigants, et que la France allait se soustraire à la domination égoïste des partis.

On lut ensuite cette admirable proclamation à l'armée, devenue la garantie des lois et la sauvegarde de la société :

Soldats !

Soyez fiers de votre mission, vous sauverez la patrie, car je compte sur vous, non pour violer les lois, mais pour faire respecter la première loi du pays, la souveraineté nationale, dont je suis le légitime représentant.

Depuis longtemps vous souffriez comme moi des

obstacles qui s'opposaient et au bien que je voulais vous faire, et aux démonstrations de votre sympathie en ma faveur. Ces obstacles sont brisés. L'Assemblée a essayé d'attenter à l'autorité que je tiens de la nation entière ; elle a cessé d'exister.

Je fais un loyal appel au peuple et à l'armée, et je leur dis : ou donnez-moi les moyens d'assurer votre prospérité, ou choisissez un autre à ma place.

En 1830 comme en 1848, on vous a traités en vaincus. Après avoir flétri votre désintéressement héroïque, on a dédaigné de consulter vos sympathies et vos vœux, et cependant vous êtes l'élite de la nation. Aujourd'hui, en ce moment solennel, je veux que l'armée fasse entendre sa voix.

Votez donc librement comme citoyens ; mais, comme soldats, n'oubliez pas que l'obéissance passive aux ordres du chef du gouvernement est le devoir rigoureux de l'armée, depuis le général jusqu'au soldat. C'est à moi, responsable de mes actions devant le peuple et devant la postérité, de prendre les mesures qui me semblent indispensables pour le bien public.

Quant à vous, restez inébranlables dans les règles de la discipline et de l'honneur. Aidez, par votre attitude imposante, le pays à manifester sa volonté dans le calme et la réflexion. Soyez prêts à réprimer toute tentative contre le libre exercice de la souveraineté du peuple.

Soldats, je ne vous parle pas des souvenirs que mon nom rappelle. Ils sont gravés dans vos cœurs. Nous sommes unis par des liens indissolubles. Votre histoire est la mienne. Il y a entre nous, dans le passé, communauté de gloire et de malheur. Il y aura dans l'avenir communauté de sentiments et de résolutions pour le repos et la grandeur de la France.

Fait au palais de l'Élysée, le 2 décembre 1851.

LOUIS-NAPOLÉON BONAPARTE.

Un si noble langage devait infailliblement être entendu de l'armée, car le Président de la République se bornait à lui demander de faire respecter la libre expression de la volonté universelle.

XXIII.

Enfin, Louis-Napoléon s'adressait à la nation entière, et lui demandait, dans les termes suivants, de déclarer si elle voulait, oui ou non, être sauvée, par l'établissement d'un régime sérieux et pratique, de l'anarchie et du pillage.

FRANÇAIS !

La situation actuelle ne peut durer plus longtemps. Chaque jour qui s'écoule aggrave les dangers du pays. L'Assemblée, qui devait être le plus ferme appui de l'ordre, est devenue un foyer de complots. Le patriotisme de trois cents de ses membres n'a pu arrêter ses fatales tendances. Au lieu de faire des lois dans l'intérêt général, elle forge des armes pour la guerre civile ; elle attente au pouvoir que je tiens directement du peuple ; elle encourage toutes les mauvaises passions ; elle compromet le repos de la France : je l'ai dissoute, et je rends le peuple entier juge entre elle et moi.

La Constitution, vous le savez, avait été faite dans le but d'affaiblir d'avance le pouvoir que vous alliez me confier. Six millions de suffrages furent une éclatante protestation contre elle, et cependant je l'ai fidèlement observée. Les provocations, les calomnies, les outrages m'ont trouvé impassible. Mais aujourd'hui que le pacte fondamental n'est plus respecté de ceux-là même qui l'invoquent sans cesse, et que les hommes qui ont déjà perdu deux monarchies veulent me lier les mains, afin de renverser la République, mon devoir est de déjouer leurs perfides projets, de maintenir la République, et de sauver le pays, en invoquant le jugement solennel du seul souverain que je reconnaisse en France : le peuple !

Je fais donc un appel loyal à la nation toute entière, et je vous dis : Si vous voulez continuer cet état de malaise qui nous dégrade et compromet notre avenir, choisissez un autre à ma place, car je ne veux pas d'un pouvoir qui est impuissant à faire le bien, me rend responsable d'actes que je ne puis empêcher, et m'enchaîne au gouvernail quand je vois le vaisseau courir vers l'abîme.

Si, au contraire, vous avez encore confiance en moi, donnez-moi les moyens d'accomplir la grande mission que je tiens de vous.

Cette mission consiste à fermer l'ère des révolutions, en satisfaisant les besoins légitimes du peuple et en le protégeant contre les passions subversives. Elle consiste surtout à créer des institutions qui survivent aux hommes, et qui soient enfin des fondations sur lesquelles on puisse asseoir quelque chose de durable.

Persuadé que l'instabilité du pouvoir, que la prépondérance d'une seule Assemblée sont des causes permanentes de trouble et de discorde, je soumets à vos suffrages les bases fondamentales suivantes d'une Constitution que les Assemblées développeront plus tard :

1° Un chef responsable nommé pour dix ans ;

2° Des ministres dépendants du pouvoir exécutif seul ;

3° Un conseil d'État formé des hommes les plus distingués, préparant les lois et en soutenant la discussion devant le Corps législatif ;

4° Un Corps législatif discutant et votant les lois, nommé par le suffrage universel, sans scrutin de liste qui fausse l'élection ;

5° Une seconde Assemblée, formée de toutes les illustrations du pays, pouvoir pondérateur, gardien du pacte fondamental et des libertés publiques.

Ce système, créé par le premier Consul au commencement du siècle, a déjà donné à la France le repos et la prospérité ; il les lui garantirait encore.

Telle est ma conviction profonde. Si vous la partagez, déclarez-le par vos suffrages. Si, au contraire, vous préférez un gouvernement sans force, monarchique ou républicain, emprunté à je ne sais quel passé ou à quel avenir chimérique, répondez négativement.

Ainsi donc, pour la première fois depuis 1804, vous voterez en connaissance de cause ; en sachant bien pour qui et pour quoi.

Si je n'obtiens pas la majorité de vos suffrages, alors je provoquerai la réunion d'une nouvelle Assemblée, et je lui remettrai le mandat que j'ai reçu de vous.

Mais si vous croyez que la cause dont mon nom est le symbole, c'est-à-dire la France régénérée par la révolution de 89 et organisée par l'Empereur, est toujours la vôtre, proclamez-le en consacrant les pouvoirs que je vous demande.

Alors, la France et l'Europe seront préservées de l'anarchie, les obstacles s'aplaniront, les rivalités auront disparu, car tous respecteront dans l'arrêt du peuple, le décret de la providence.

Fait au palais de l'Élysée, le 2 décembre 1851.

LOUIS-NAPOLÉON BONAPARTE.

XXIV.

Quoi de plus simple, de plus naturel, de plus universellement désiré qu'un pouvoir un peu durable, afin qu'il ait le temps de rasseoir la société ébranlée par tant et de si profondes secousses ?

Quoi de plus stérile, de plus irritant, de plus révolutionnaire en soi que ce régime parlementaire, sous lequel les assemblées délibérantes entravaient toutes les affaires, agitaient sans cesse les passions des partis, entraient perpétuellement en lutte avec le gouvernement, le déconsidéraient et l'affaiblissaient dans l'opinion publique ?

Qui n'applaudira, au contraire, à des assemblées calmes, laborieuses, contrôlant, éclairant, aidant le chef de l'État, au lieu de le miner et de le combattre ? Et qui ne sent que le suffrage universel, exercé à la commune, entre gens qui se connaissent et qui s'estiment, loin de l'influence des comités directeurs, arrachera la France des mains des vieux partis, et enverra aux assemblées des hommes dévoués aux intérêts publics, et non aux brigues, aux coteries et aux conspirations ?

Les grandes mesures prises par le Président, la loyauté avec laquelle il faisait, sous la protection de l'armée, un appel au bon sens, au patriotisme, à la volonté libre de tous les citoyens, devaient donc frapper et frappèrent en effet tout le monde d'étonnement et d'admiration.

Une seule de ces mesures fut mal comprise.

Se reportant à l'exemple donné par d'autres grandes époques de notre histoire politique, le Président avait d'abord voulu que tous les citoyens votassent à l'aide de registres déposés dans les mairies, en inscrivant leur nom à côté de leur suffrage, affirmatif ou négatif. C'était un hommage rendu à la liberté et au courage des Français.

Informé des racines profondes que le scrutin secret avait poussées dans nos mœurs politiques, et du vœu général qui était fait pour son maintien, le Président n'a pas hésité un seul instant à le maintenir, voulant, avant tout, que l'opinion de chacun fût complétement et absolument libre.

XXV.

Il eût été insensé d'espérer que les vieux partis politiques et le socialisme se laisseraient désarmer sans combattre.

Dès dix heures du matin, le gouvernement était informé, d'un côté, que les membres de la coalition parlementaire cherchaient à se réunir; de l'autre, que les chefs des sociétés secrètes se mettaient en permanence.

Le plus déplorable aveuglement donnait ainsi pour auxiliaires au terrorisme et au socialisme, qui? des légitimistes, des orléanistes, des républicains modérés; et le Président avait à défendre à la fois la société, contre les faubourgs qu'on tentait d'insurger, et contre de grands propriétaires, d'anciens ministres, des hommes considérables qui mettaient l'élu de six millions d'hommes hors la loi.

Heureusement, il y a des folies qui cessent d'être dangereuses par leur immensité même, et le gouvernement ne redoutait ni les socialistes, qu'il savait condamnés par tous les ouvriers intelligents et honnêtes ; ni les parlementaires, qu'il savait désunis, impuissants, sans doctrine et sans but commun.

D'ailleurs, les soldats étaient là, calmes, résolus, admirablement commandés, et les douze brigades réunies alors à Paris auraient eu raison d'ennemis dix fois plus nombreux et plus redoutables.

XXVI.

A dix heures du matin, eut lieu, rue des Petits-Augustins, 1, une réunion de députés montagnards, sous la présidence de M. Crémieux. L'autorité informée fit immédiatement partir des forces ; la réunion fut cernée et les députés enlevés.

A la même heure se préparait, à la mairie du 10e arrondissement, la réunion des députés de l'ancienne coalition, qui n'eut lieu que de midi à une heure. Nous avons déjà dit que l'organisation du gouvernement nouveau, saisie dans les papiers de M. Baze, a fait connaître que l'Assemblée fondait de grandes espérances sur le concours de la 10e légion. Dès dix heures du matin, les gardes nationaux furent en effet convoqués à domicile, ainsi que les députés.

Environ deux cents députés, appartenant pour la plupart au parti légitimiste et au parti orléaniste, se réunirent à la mairie, y prononcèrent force discours, et y votèrent, au nom d'une Assemblée dont ils ne formaient pas le tiers, la déchéance du Président. Les prétentions à la réquisition directe des troupes furent naturellement maintenues ; M. le général Oudinot fut nommé au commandement de la garde nationale. M. Tamisier, député montagnard, fut le chef d'état-major donné à M. le général Oudinot.

Les harangues n'avaient pas manqué, comme bien on le pense, à la mairie du 10e arrondissement; harangues au dedans, harangues au dehors, harangues aux fenêtres, harangues dans la cour, harangues sur des tables, harangues sur des chaises. Les gardes nationaux accourus n'étaient pas fort nombreux, mais la masse du public était considérable. Il se montrait fort curieux, mais médiocrement passionné.

Informé de cette réunion, M. de Morny ordonna de la dissoudre et de l'enlever en cas de résistance.

Un premier détachement de chasseurs à pied, envoyé par le général Forey, quatre commissaires de police et de nombreux agents, commencèrent à changer la face des choses. Les chasseurs firent retirer les représentants qui haranguaient, et firent fermer les fenêtres. Les commissaires pénétrèrent dans la réunion. Le président affecta de les recevoir, comme s'ils venaient prendre ses ordres. Les commissaires répondirent immédiatement qu'ils venaient, non pour se mettre aux ordres des ex-représentants, mais pour les arrêter, s'ils refusaient de se disperser à l'instant même.

L'engorgement des rues qui environnent la mairie du 10e arrondissement, et le nombre considérable de personnes à arrêter avaient nécessité de nouvelles forces ; le général Forey conduisit lui-même les renforts, et les représentants ayant déclaré qu'ils ne céderaient qu'à la force, un commissaire de police saisit M. Benoît-d'Azy, et l'entraîna. Toute résistance cessa à l'instant même ; les représentants furent placés au centre de quatre files profondes de soldats, et conduits sans obstacle à la caserne du quai d'Orsay.

Quelques tentatives du général Oudinot, pour détourner les soldats de l'accomplissement de leurs devoirs, ne soulevèrent dans les rangs que des murmures. Reconnaissant un sergent qui avait assisté au siége de Rome, il lui dit : « Comment, c'est toi, Martin, qui me conduis en prison ? — Pardon, général, répondit le sergent, mais je n'ai pas assez de pouvoir pour vous relever de cette punition-là. »

XXVII.

Les représentants arrêtés dans la journée s'élevaient à deux cent dix-sept. Ils furent, à l'entrée de la nuit, transférés à la prison Mazas, au Mont-Valérien et à Vincennes.

Pendant que s'accomplissait cette importante opération de la mairie du 10e arrondissement, M. l'archevêque de Paris était prié, avec déférence, de permettre que des agents armés fussent placés dans les tours ou clochers de toutes les églises de Paris, pour empêcher les rouges d'exécuter leur projet de faire sonner le tocsin.

Enfin, à la même heure encore, la haute cour de justice s'était spontanément réunie au palais. Elle avait déjà rédigé l'arrêt en vertu duquel elle se déclarait saisie de la connaissance des événements, lorsque deux commissaires, appuyés d'un bataillon de garde municipale, entrèrent dans la salle, et exhibèrent l'ordre d'arrêter les membres de la cour, si elle ne se séparait immédiatement. Aucune résistance ne fut opposée ; la cour se leva et se sépara à l'instant même, sans emporter les papiers placés devant le président, parmi lesquels le plus important était l'arrêt déjà rédigé, mais sans signature.

Ici finissent toutes les tentatives de résistance de la journée, tentatives partielles, sans résolution, sans écho, fondées sur l'absence complète et évidente de tout danger sérieux pour leurs auteurs ; car le 24 février, les deux Assemblées législatives, le Conseil d'État, la Cour des comptes s'étaient laissé dissoudre sans résistance ; les orateurs politiques, qui avaient de belles occasions de faire des harangues, n'en avaient prononcé aucune ; pas une seule légion de la garde nationale ne s'était réunie pour protester. Et cependant, le 24 février, il ne s'agissait pas d'un appel loyal fait au pays, sous la protection de l'armée et de l'administration tout entière ; le 24 février, tout s'écroulait, gouvernement, lois, finances, sécurité publique et privée ; et tous les foudres d'éloquence et de guerre qui venaient de s'insurger, devant Louis-Napoléon Bonaparte maintenant l'ordre et sauvant la société, s'étaient tus et s'étaient enfuis devant la démagogie s'imposant à la France et menaçant l'Europe.

XXVIII.

L'armée de Paris était de nature à écarter toute crainte ; son effectif, sa bravoure, sa discipline, son dévouement à l'ordre, ne permettaient pas de douter que la France ne pût, sous son égide, librement disposer de ses destinées, sans craindre ni les coteries des partis rivaux, ni la tyrannie brutale des socialistes et des démagogues.

Cette armée comprend onze brigades, savoir :

La brigade de Cotte,
La brigade de Bourgon,
La brigade Canrobert,
La brigade Dulac,
La brigade de cavalerie Reybell,
Ces cinq brigades composant la division Carrelet.

La brigade Sauboul,
La brigade Forey,
La brigade Ripert,
Ces trois brigades composant la division Renauld;

La brigade Herbillon,
La brigade Marulaz,
La brigade de Courtigis,

Ces trois brigades composant la division Levasseur.

Considérées au point de vue de leurs éléments, ces onze brigades comprennent :

Dix-huit régiments d'infanterie de ligne,
Trois régiments d'infanterie légère,
Quatre bataillons de chasseurs à pied,
Deux bataillons de garde républicaine,
Deux bataillons de gendarmerie mobile,
Quatre compagnies du génie,
Une compagnie de mineurs,
Deux régiments de lanciers,
Deux escadrons de guides,
Deux escadrons de garde républicaine,
Deux escadrons de gendarmerie mobile,
Neuf batteries d'artillerie embrigadées,
Dix batteries d'artillerie non embrigadées.

C'est là l'effectif de l'armée de Paris proprement dite, sans parler des garnisons environnantes, qui pourraient doubler cet effectif en quelques heures.

Il n'a été appelé du dehors, pendant les journées de décembre, que la division de grosse cavalerie de Versailles, commandée par le général Korte, comprenant le 1er et le 2e régiments de carabiniers, le 6e et le 7e régiments de cuirassiers, et le 12e régiment de dragons.

XXIX.

Qu'on nous permette maintenant, pour faire appré cier cette armée, une esquisse du caractère et d(services des officiers généraux chargés de diriger s(mouvements.

Le général de Saint-Arnaud, ministre de la guerr(est un esprit élevé, inventif, résolu. Formé dans guerre d'Afrique, qu'il a faite pendant quinze ans, l'école du maréchal Bugeaud, dont il était l'ami, s'est révélé comme un chef militaire éminent, et dai son dernier commandement de la province de Coi stantine, et dans son expédition de la Kabylie, qu'il conduite avec une grande habileté. Trois mois d'exp(dition, vingt-six combats, la campagne la plus rude d toute la guerre d'Afrique, une grande popularité dai l'armée, — c'étaient là des garanties qui avaient dé signé le général de Saint-Arnaud à la confiance d chef de l'État, et qui le faisaient digne du grand (honorable rôle qu'il vient de jouer.

Le général Magnan, commandant supérieur de l'ai mée de Paris, est un ancien soldat de l'Empire. Off cier brillant, d'une grande autorité dans l'armée, il conduit, avec un remarquable talent de commande ment, les opérations de ces derniers jours, et notamment celles de la journée décisive du jeudi 4. Ordres précis, bien donnés, prévision sûre, calme parfait.

1re DIVISION.

Le général Carrelet, commandant la première division, est un ancien colonel de gendarmerie. C'est un homme ferme et un officier honorable, ayant beaucoup de commandement.

Le général de Cotte est un officier de cavalerie placé à la tête d'une brigade d'infanterie, et lui communiquant sa bravoure et son entrain.

M. de Cotte est une nature élevée et rare, réservée à un grand avenir; officier brillant de l'armée d'Afrique, nul n'a plus d'intrépidité calme et d'audace simple et naturelle.

M. de Cotte a attaqué de sa personne, et le premier, la barricade de la rue Saint-Denis. Son cheval tué s'abat sous lui; le colonel du 72e est blessé, le lieutenant-colonel, l'adjudant-major sont tués; vingt hommes tués ou blessés tombent à ses côtés; et les soldats se sentaient profondément émus au spectacle d'un courage si noble et si maître de lui.

Ce qu'il y a de distinction dans l'esprit et dans le caractère du général de Cotte n'est ignoré de personne dans l'armée, non plus que son chaleureux dévouement à la cause du Président de la République.

Le général Bourgon est un officier distingué, honoré du soldat, plein de résolution, d'intelligence et de sang-froid.

Le général Canrobert est un officier de grand avenir, et, comme on dit, hors ligne. Les combats de la guerre d'Afrique dans lesquels il s'est distingué ne se comptent pas. Au siége de Constantine, il était capitaine adjudant-major du brave colonel Combes, tué à ses côtés; pendant la lutte avec Bou-Maza, il commandait et entraînait le 5e bataillon de chasseurs de Vincennes; au siége de Zaatcha, il fit, à la tête des zouaves, l'admiration de l'armée, montant le premier à l'assaut, à la tête de vingt hommes, dont deux seulement restèrent debout avec lui.

Commandée par des hommes tels que le général Canrobert, une armée sent doubler son courage, et est irrésistible.

Le général Dulac est un officier de résolution, un homme de devoir et d'exécution. C'est lui qui, aux journées de juin, enleva avec son régiment la grande barricade du faubourg Saint-Antoine et fut nommé général de brigade pour ce fait.

Le général Reybell, commandant la brigade de cavalerie, est un homme d'une énergie connue et éprouvée. Il avait déjà donné, aux journées de février, la mesure de ses sentiments de loyauté et d'honneur, car c'est lui qui, esclave de son devoir, accompagna le roi jusqu'à Saint-Cloud.

XXX.

2e DIVISION.

Le général de division Renauld est un homme d'un grand courage, très-connu, très-réputé dans l'armée d'Afrique ; et le maréchal Bugeaud, qui en faisait un grand cas, l'appréciait surtout au commandement des arrière-gardes. Blessé d'abord en Espagne, où il a commencé à se distinguer, le général Renauld l'a été encore trois ou quatre fois en Afrique.

Le général Renauld est un homme de dévouement et de résolution. Sa division n'a pas eu d'engagement sérieux à soutenir ; mais elle est brave, bien commandée, et se ferait redouter de tout ennemi.

Le général Sauboul est un homme de devoir, un officier sûr, un caractère estimé, un courage résolu.

Le général Forey, officier distingué, bien connu dans l'armée, sera évidemment un des premiers généraux de division. C'est à sa brigade qu'appartenait le régiment chargé d'investir la mairie du 10e arrondissement.

Le général Ripert est un vieux brave de l'Empire : courage cent fois éprouvé, dévouement absolu.

XXXI.

3e DIVISION.

Le général de division Levasseur est un homme d'une énergie connue. Il a fait longtemps la guerre d'Afrique avec distinction; l'émeute pourrait le tuer, mais jamais elle ne le fera pactiser avec le désordre.

Le général Herbillon, officier d'une grande distinction d'esprit, de caractère et de bravoure, commandait le siége de Zaatcha, ce qui dispense d'un plus long éloge.

Le général Marulaz, homme d'une intrépidité rare, est un officier très-estimé dans l'armée d'Afrique. Il s'est particulièrement distingué dans la campagne de la Kabylie, où il commandait le 20e de ligne.

Le général de Courtigis, qui commande à Vincennes, est un homme distingué et un officier résolu.

XXXII.

DIVISION DE GROSSE CAVALERIE DE VERSAILLES.

Le général de division Korte est un ancien officier de l'Empire, presque camarade des Lassalle et des Montbrun. C'est un général de cavalerie complet. Il a fait longtemps avec honneur la guerre d'Afrique, et fut blessé aux journées de juin.

Le général Tartas avait donné sa démission de représentant, pour reprendre un commandement de brigade. C'est un officier de cavalerie très-distingué et très-estimé dans l'armée. Il a fait longtemps la guerre d'Afrique, où il s'est aquis une bonne réputation. Avant d'être général, M. Tartas était un des meilleurs colonels de l'armée. Il commandait la cavalerie à la bataille d'Isly.

Le général d'Allonville est un officier d'une décision prompte, d'une énergie rare, agissant sur le moral du soldat et l'entraînant. M. d'Allonville a fait longtemps la guerre d'Afrique, où il s'est acquis la réputation d'une bravoure hors ligne. Il se distingua à la bataille d'Isly, où il prit les canons des Marocains.

Une pareille armée, commandée par de tels officiers, ne pouvait laisser aucun doute, aucune inquiétude au Président de la République et aux hommes intelligents, énergiques et dévoués qui prenaient hautement la responsabilité du grand acte de salut. De quoi s'agissait-il en effet? — D'imposer silence aux factions, et de protéger la liberté et la souveraineté de la France, se donnant enfin un gouvernement elle-même, après en avoir reçu trois ou quatre des coteries et des factions.

Aussi le succès de la mesure n'a-t-il pas été en balance un seul instant.

XXXIII.

JOURNÉE DU 2 DÉCEMBRE.

A six heures du matin, l'Assemblée nationale et ses dépendances sont occupées par trois bataillons, et les abords sont gardés par des troupes de la brigade Ripert.

Une heure après, les régiments des trois divisions de l'armée de Paris se rangeaient par brigades, et occupaient le quai d'Orsay, le Carrousel, le jardin des Tuileries, la place de la Concorde et les Champs-Élysées.—On avait laissé dans les casernes la quantité de bataillons nécessaires pour maintenir l'ordre.

Les arrestations opérées à l'Assemblée et ailleurs n'éprouvent aucune résistance; les personnes arrêtées sont conduites dans des voitures en lieu sûr; à Mazas et à Vincennes, avec de faibles escortes, sans éprouver la moindre opposition de la part de la population : et sans que les paroles adressées à la troupe par plusieurs représentants aient excité un autre sentiment que celui d'une réprobation générale.

Des représentants cherchent à pénétrer dans l'Assemblée nationale par une petite porte donnant sur la rue de Lille; ils en sont chassés par nos troupes.

Les décrets du Président de la République sont lus à la troupe, vers neuf heures du matin. Ils excitent partout une adhésion et un enthousiasme indescriptibles. L'armée comprend immédiatement que le salut du pays et de la société entière est entre ses mains.— ses chefs s'encouragent les uns les autres, pour accomplir la grande mission qui leur est confiée ; et tous se promettent de rivaliser de courage et de dévouement pour sauver le pays.

Le ministre de la guerre passe rapidement, à huit heures et demie, devant toutes les troupes, et ne recueille sur son passage que des adhésions. — Ses anciens compagnons d'armes, qui l'ont vu à l'œuvre en Afrique, où il s'est illustré, sont pleins de confiance en lui. — L'attitude de l'armée et la foi entière qu'elle a dans le chef de l'État sont déjà un sûr garant de l'immense résultat qui va être atteint.

Les troupes sont ainsi rangées :

Assemblée nationale, brigade Ripert ;
Quai d'Orsay, brigade Forey ;
Tuileries, 19e et 51e de ligne, général Dulac ;
Place de la Concorde, brigade de Cotte ;

Champs-Elysées { 1er et 7e lanciers, général Reybell ; Div. grosse cavalerie, général Korte ;

Avenue Marigny, brigade Canrobert.

Les brigades Sauboul, Marulaz, Courtigis, Bourgon, etc., sont restées dans leurs casernes et occupent Paris.

M. le Président de la République monte à cheval à midi, accompagné des maréchaux Jérôme Bonaparte et Excelmans, du ministre de la guerre, du général en chef, du général commandant les gardes nationales, du général comte de Flahaut, du général Daumas, directeur des affaires de l'Algérie; général Delarue, général de l'Etang, général Servatius, général Wast-Vimeux, et d'une foule d'autres généraux, d'officiers et de représentants.—Il passe devant le front des troupes, suivi par une population immense, qui l'accueille par les acclamations les plus vives et les plus enthousiastes. Les troupes ont une attitude admirable, et elles témoignent, par des cris unanimes, leur dévouement à la grande cause qu'elles sont chargées de défendre. — Le Président rentre à l'Elysée, au milieu des acclamations de l'armée entière et de la foule.

L'armée est bien décidée! Elle accomplira sa tâche avec l'énergie la plus dévouée.

Le soir, à quatre heures, la division de réserve, cavalerie du général Korte, est passée en revue dans les Champs-Élysées par le prince, qui est accueilli par le plus vif enthousiasme.

Les troupes rentrent dans leurs casernes à la nuit, et la tranquillité de Paris n'est pas troublée.—La ville témoigne au contraire par sa physionomie qu'elle adhère complétement au grand acte du chef de l'État.

XXXIV.

JOURNÉE DU 3.

Le ministre de la guerre, informé que les représentants de la Montagne préparent un mouvement insurrectionnel, combiné avec les efforts des sections socialistes de Paris, a donné la veille, dans cette prévision, des ordres pour que l'armée soit approvisionnée et prête, en cas de combat, à résister avec tous les avantages possibles. Pour ne pas fatiguer inutilement leurs soldats, les généraux ne doivent prendre leur position de combat que lorsque l'insurrection sera dessinée.

Quelques barricades construites dans le faubourg Saint-Antoine, rues de Cotte et de Sainte-Marguerite, ainsi que rue Aumaire et rue du Lion-Saint-Sauveur, sont enlevées dans la matinée par un bataillon du 44e de ligne, un bataillon du 19e léger et par des détachements. Des coups de feu très-nombreux ont été tirés sur la troupe par les émeutiers ; le sang coule, la lutte commence. Les insurgés se sont réunis d'abord au faubourg Saint-Antoine, où ils ont engagé le feu les premiers, avec quelques détachements de la brigade Marulaz. Repoussés dans leurs tentatives, ils sont allés agiter le quartier Saint-Martin : traqués sur ce point par le général Herbillon et par le colonel Chapuis, ils se sont dirigés sur la rive gauche de la Seine, pour remuer les faubourgs Saint-Jacques et Saint-Marceau. Des sommes d'argent sont distribuées : l'émeute s'organise.

Le représentant Baudin est tué par les soldats de la brigade Marulaz, sur la barricade du faubourg Saint-Antoine, et le représentant Madier de Montjaud y est blessé.

Vers quatre heures, des attroupements considérables se forment à la porte Saint-Denis et dans les environs. Une barricade élevée rue Rambuteau est enlevée sans coup férir par un détachement de chasseurs à pied ; deux barricades, rue Saint-Martin, sont facilement détruites par un détachement de la garde républicaine. D'autres barricades, en voie d'exécution, sont détruites par les colonnes du général Levasseur.

Pendant cette journée, la majeure partie des brigades est restée dans les casernes, et de très-petits détachements ont seuls agi. Toutefois, les émeutiers ne peuvent parvenir à soulever les faubourgs qui restent calmes, et qui repoussent dignement toutes les excitations et toutes les tentatives insensées d'embauchage à prix d'argent. Leur adhésion au gouvernement est complète.

Dans la prévision de nouveaux efforts du parti socialiste, la brigade Bourgon reçoit l'ordre de prendre ses positions de combat le 4 au matin, et les autres brigades de se tenir prêtes.

On saisit des placards et des affiches lithographiées, qui font un appel à la guerre civile, et qui portent les signatures de Michel (de Bourges), Schœlcher, Leydet, Mathieu (de la Drôme), Jules Favre, E. Arago, Madier de Montjaud, E. Sue, Esquiros, de Flotte, Chauffour, Brives, etc.

Il est sept heures du soir, des agents provocateurs parcourent des groupes hostiles, et leur donnent rendez-vous, à huit heures, boulevard Saint-Martin. — De nombreux attroupements se forment sur le boulevard des Italiens, mais ils sont dispersés, vers dix heures, par une patrouille de cavalerie. — A onze heures, les boulevards sont déserts, et Paris paraît plus calme. — Les troupes sont rentrées. — Les insurgés se concertent pour le lendemain.

Le ministre de la guerre fait afficher une proclamation qui rappelle en termes énergiques que, d'après les lois de l'état de siége, tout individu pris les armes à la main, défendant ou construisant une barricade, sera fusillé. — Il rend aussi complices des insurgés les porteurs de fausses nouvelles. — On sent que son énergie ne pliera devant aucune considération.

Pendant la nuit, le ministre profite du calme momentané de la ville, pour faire conduire, sous escorte, de la prison Mazas au chemin de fer du Nord, huit représentants, chefs de la résistance et du complot, pour les diriger sur la forteresse de Ham. Dans le cours de ce voyage, ces représentants ont eu plusieurs fois l'occasion de voir combien l'opinion des villes et des campagnes qu'ils ont traversées leur était peu favorable. Ils étaient reçus au passage par les cris de : *Vive Napoléon.*

Les 150 représentants, arrêtés le 2 à la mairie du 10e arrondissement, ont été tranférés, en grande partie, au fort du Mont-Valérien. On offre à beaucoup d'entre eux la liberté immédiate, qu'ils refusent, par un motif que tout le monde appréciera, et qui prouve combien ils redoutaient d'être forcés de prendre part à une lutte entre la société et l'anarchie. Presque tous sont mis en liberté quatre jours après.

L'opinion si favorable au Président la veille, dans les quartiers de la Chaussée-d'Antin et des boulevards, prend une couleur hostile, sous l'influence des représentants qui cherchent par tous les moyens possibles à exciter la population à la révolte.

La nuit est assez calme. « A demain les affaires sérieuses, » dit le ministre de la guerre, qui prit seulement alors un peu de repos. — Il avait dirigé jusque-là la partie active de cet immense mouvement, avec une énergie inflexible et une activité qui assuraient le succès. — L'armée avait confiance dans son général, qu'elle voyait le front ceint des lauriers si récents de la Kabylie : elle ne demandait qu'à se mesurer avec les anarchistes, ces Kabyles parisiens. Elle avait confiance aussi dans son général en chef, brillant soldat de l'Empire, qui avait déjà comprimé à Lyon les tentatives insensées des ennemis de l'ordre et de la société.

XXXIV.

JOURNÉE DU 4.

La matinée se passe en préparatifs de la part des insurgés. Des groupes nombreux et hostiles se forment sur les boulevards. Vers midi, de fortes barricades s'élèvent à la porte Saint-Denis, et dans les rues Saint-Martin, Saint-Denis, du Petit-Carreau, Rambuteau, Faubourg-Saint-Martin, et le long du canal. Une lutte terrible paraît imminente.

Les émeutiers, qui ne sont pas soutenus par les faubourgs, sentent que le jour de la grande bataille est arrivé pour eux, et ils font tous leurs efforts et toutes les tentatives possibles pour entraîner la population avec eux.

Le général en chef Magnan donne des ordres pour qu'un mouvement d'ensemble soit exécuté, par plusieurs brigades à la fois, dans les quartiers Saint-Denis, Saint-Martin et du Temple, où les insurgés se sont établis. — Les heureuses dispositions qu'il a commandées réussissent parfaitement.

« Soyez tranquille, avait-il dit au ministre de la

« guerre, auquel il expliquait ses plans : confiez-moi « la direction de cette journée, dont je réponds. — « A deux heures, vous entendrez gronder mon canon, « et je vous promets qu'avec de pareilles troupes, Paris « sera ce soir débarrassé de ses ennemis.

« — J'y compte et je vous laisse faire, parce que je « vous connais ! » répondit le ministre.

La brigade Bourgon, qui occupait la première ses positions de combat, ouvre son feu, et balaie le boulevard jusqu'à la porte Saint-Denis.

Au moment où elle commence son attaque, le reste de la division Carrelet débouche par la rue de la Paix et les boulevards, et pousse devant elle la brigade Bourgon jusqu'à la rue du Temple, dans laquelle elle s'engage, pour gagner ensuite la rue Rambuteau, en tournant à droite.

La brigade de Cotte entre résolûment dans la rue Saint-Denis : un bataillon du 15e léger était lancé dans la rue du Petit-Carreau, déjà barricadée.

Au moment où les brigades Bourgon et de Cotte pénétraient au centre de la ville, la tête de colonne du général Levasseur, commandant la 3e division, entrait dans la rue Saint-Martin, et prenait ses dispositions pour appuyer la division Carrelet. Le général Levasseur désigne dans ce but le général Dulac, qui renverse les barricades de la rue Rambuteau, avec les braves 51e, 19e et 43e de ligne, et le général Marulaz, qui opère par la rue Saint-Denis et les rues transversales. Tous ces quartiers étaient enveloppés dans un réseau de troupes.

Ces trois colonnes, qui se donnent la main par les rues adjacentes, sont conduites avec une grande énergie, et le succès ne se fait pas attendre. Les barricades, attaquées d'abord à coups de canon, ont été enlevées à la baïonnette. Toute la partie de la ville qui s'étend entre la porte Saint-Martin et la pointe Saint-Eustache a été fouillée, les barricades enlevées, détruites et brûlées, les insurgés dispersés et tués. L'engagement commençait à deux heures et demie, et à cinq heures les troupes étaient revenues à leurs positions sur le boulevard.

Pendant que ceci se passait, le général Canrobert, qui avait pris position à la porte Saint-Martin, enlevait avec son élan habituel les barricades du faubourg Saint-Martin et celles des rues adjacentes, et poussait jusqu'au canal, culbutant partout les insurgés. Là, comme à Zaatcha, il donnait l'exemple du courage.

La brigade Reybell nettoyait en même temps les boulevards, depuis la Madeleine jusqu'au boulevard Poissonnière. — Arrivée sans coup férir à la hauteur du boulevard Montmartre, elle est accueillie à coups de fusils par les insurgés placés dans une foule de maisons. — Elle s'arrête alors, et aidée de tirailleurs d'infanterie et de troupes de la brigade Canrobert, elle fait un feu terrible sur les fenêtres, se fait ouvrir les portes à coups de canon, et débusque promptement les insurgés, après en avoir tué bon nombre.

La brigade Courtigis enlevait aussi avec vigueur les barricades qui avaient été élevées au faubourg Saint-Antoine, et restait maîtresse de ce point.

Ce grand mouvement simultané avait écrasé l'ennemi, qui laissait les barricades couvertes de ses cadavres, et désormais la résistance était impossible. De notre côté, nous avions à déplorer la mort du lieutenant-colonel Loubeau, du 72e, et la blessure du colonel Quilico du même régiment. — Nos pertes s'élevaient environ à 25 tués, dont un officier, et 184 blessés, dont 17 officiers.

L'armée était admirable d'élan et d'énergie; elle avait bien fait son devoir, et elle était déterminée à vaincre, à tout prix, la criminelle résistance qui tenait le pays en échec.

Les brigades prennent position, à six heures, dans les quartiers qu'elles ont enlevés. — Aussitôt les rues s'illuminent, les habitants, débarrassés des émeutiers, et de la terreur qu'ils inspirent, descendent offrir spontanément aux soldats du café, du vin et des provisions de toute espèce. Les feux de bivouac s'allument dans tous les quartiers occupés, et les régiments trouvent partout un accueil cordial et la plus franche sympathie, notamment dans les quartiers des halles, de Saint-Marceau et du Panthéon. Les derniers coups de fusil sont tirés vers neuf heures du soir, rue Montorgueil, où une dernière tentative est résolûment anéantie par le colonel de Lourmel avec le 51e de ligne. L'armée entière s'établit gaiement pour la nuit autour des feux de bivouac, heureuse d'avoir noblement fait son devoir, et d'avoir rendu à la France la paix et la prospérité pour le présent et pour l'avenir.

Le combat était terminé ! Les anarchistes terrifiés fuyaient dans toutes les directions, et sortaient de Paris transformé momentanément en un vaste camp. — Pendant la nuit, des patrouilles d'infanterie et de cavalerie ont achevé de fouiller tous les quartiers où les troupes n'étaient pas établies ; elles n'ont pas rencontré de résistance.

Il est bien douloureux d'avoir à dire que, malgré les proclamations du ministre de la guerre, au sujet des attroupements, quelques curieux inoffensifs ont été victimes de leur présence sur les boulevards. Là, comme en février 1848, les émeutiers ont cherché, avec une perfidie atroce, en tirant des coups de fusil auprès des groupes, à faire tomber des habitants des quartiers riches sous les coups de la troupe, afin d'entraîner malgré elle la population, par esprit de vengeance. Mais les victimes sont heureusement très-peu nombreuses.

XXXVI.

JOURNÉE DU 5.

Des essais de barricades avaient été tentés, pendant la nuit, dans les quartiers qui n'avaient pas été visités par les troupes. Ainsi on signalait encore, le 5 au matin, quelques barricades rue Rochechouart et dans le quartier de la Croix-Rouge.

Le général en chef, d'accord avec le ministre, ordonne, pour terminer la défaite des anarchistes, un grand mouvement de troupes sur la barrière Rochechouart et sur la Croix-Rouge. Mais les colonnes ne rencontrent plus d'ennemis, parce qu'ils fuient à l'approche de la troupe. Les barricades, qui n'étaient plus défendues, sont toutes démolies.

Le général Carrelet pénètre avec la gendarmerie mobile jusqu'à Ménilmontant, où il rencontre les gardes nationales de Belleville et de Ménilmontant, leur maire en tête, et il est reçu par eux avec acclamation. Le général Canrobert pénètre également jusqu'à ce point par le faubourg Poissonnière, sans rencontrer aucune résistance.

Toutes les brigades parcourent Paris dans tous les sens, et ne reçoivent sur leur passage que des marques de sympathie. La confiance et la satisfaction des habitants éclatent sur leurs visages ; les boutiques se rouvrent; les fonds publics montent.

Une partie des brigades s'établit encore au bivouac et reçoit la même hospitalité que la veille. La division de cavalerie de réserve rentre à Versailles.

Les anarchistes qui s'étaient enfuis de Paris essayent encore une tentative à la Chapelle-Saint-Denis, où ils élèvent des barricades; mais ils en sont promptement chassés par deux compagnies du 28e, qui leur tuent quelques hommes et ramènent trente-trois prisonniers.

La nuit est calme; on n'a plus à signaler aucune tentative de désordre.

Le ministre remercie l'armée dans une proclamation, et la félicite, au non du pays, en termes qui vont droit au cœur du soldat.

« Soldats !

« Vous avez accompli aujourd'hui un grand acte de votre vie militaire. Vous avez préservé le pays de l'anarchie, du pillage, et sauvé la République. Vous vous êtes montrés ce que vous serez toujours, braves, dévoués, infatigables. La France vous admire et vous remercie. Le Président de la République n'oubliera jamais votre dévouement.

« La victoire ne pouvait être douteuse; le vrai peuple, les honnêtes gens sont avec vous.

« Dans toutes les garnisons de la France, vos compagnons d'armes sont fiers de vous, et suivraient au besoin votre exemple. »

XXXVII.

JOURNÉE DU 6.

Paris a repris sa physionomie habituelle. La circulation, un instant interrompue, est rétablie; les boutiques se rouvrent, les voitures circulent, les affaires renaissent, les habitants respirent, et se félicitent d'avoir échappé au danger qui les menaçait.

Les troupes rentrent dans leurs casernes; on se borne à occuper les points les plus importants, en plaçant des postes dans des maisons sur les boulevards et aux angles des rues Rambuteau, Saint-Martin, Saint-Denis, Beaubourg, etc.

La confiance est entièrement rétablie. L'anéantissement des anarchistes, les nouvelles excellentes des provinces, l'élan, l'énergie et l'union de nos troupes et de leurs officiers, les sympathies unanimes acquises au chef de l'État, tout cela forme un faisceau de forces qui donne une foi assurée dans l'avenir. Les mauvais jours sont passés. On se félicite partout dans Paris. Les fonds publics montent de 4 francs dans la journée !

XXXVIII.

Le gouvernement n'a jamais eu et n'a jamais pu avoir un seul instant d'inquiétude sur l'issue de la lutte. Paris tout entier se serait soulevé, que l'armée était assez forte et assez résolue pour le réduire. Il n'y avait pas un soldat qui ne fût décidé à venger l'armée de l'humiliation du 24 février, et à prendre sa revanche de la *crosse en l'air*.

Mais, loin que Paris tout entier fût à craindre, les véritables ouvriers sont restés complétement étrangers au désordre. Il n'y a eu de lutte qu'avec les sociétés secrètes, dirigées par les représentants montagnards, et avec une partie du 2e arrondissement, un instant égaré par quelques orléanistes et par quelques légitimistes.

Le vrai peuple, les véritables ouvriers étaient si peu favorables à l'émeute, qu'un cocher de coupé, dit de remise, a fait arrêter par le poste du ministère des affaires étrangères *un monsieur fort bien mis*, qui était dans sa voiture, et qui avait voulu l'embaucher moyennant 20 francs.

Les sociétés secrètes, dirigées par des ambitieux, vivant de la crédulité des esprits faibles, recrutées de fainéants, de fanatiques et de malfaiteurs, étaient l'armée des terroristes et des socialistes. Ce sont elles qui ont élevé les barricades des faubourgs et du centre de Paris, et qui les ont défendues.

Le 2e arrondissement de Paris est le plus riche, le plus élégant, celui qui étale le plus de luxe. Il ne s'est pas montré le plus sensé. Il eut le malheur de contribuer plus qu'aucun autre à la révolution de février, par ses cris de *Vive la réforme!* L'esprit frondeur de cet arrondissement l'a encore enrôlé un moment dans la cause des orléanistes, des légitimistes et des parlementaires; et l'histoire enregistrera ce scandale, que le boulevard des Italiens et le boulevard Montmartre ont tiré sur l'armée française, et que l'aristocratie des richesses s'est faite l'auxiliaire des pillards.

Quand on a relevé les cadavres des émeutiers, qu'a-t-on trouvé en majorité? — Des malfaiteurs et des *gants jaunes !*

XXXIX.

Le plan de l'émeute était de faire traîner les choses en longueur, et de fatiguer les troupes. On n'a pas tardé à renoncer à cette combinaison ; les troupes se battaient si énergiquement, et tuaient tant d'émeutiers, qu'ils ont jugé nécessaire d'abréger le plus possible la lutte, et qu'ils se sont sentis fatigués les premiers.

Lorsque les émeutiers, chassés de toutes parts, eurent cédé le champ de bataille à nos braves soldats, beaucoup de gens se demandèrent : — Est-ce que cela recommencera?

A une pareille question, il n'y avait que cette réponse à faire :

L'armée réunie à Paris comprenait douze brigades ; sur ces douze brigades, six seulement ont été engagées et, sur ces six brigades, la moitié des troupes seulement a pris part à la lutte.

Les émeutiers pourraient donc recommencer san aucun danger sérieux pour la sûreté de la capitale.

Il ne serait pas juste de terminer le récit de la lutt soutenue contre les ennemis de la société, sans signa ler à la reconnaissance du pays les hommes qui, hors des rangs de l'armée, en ont pris leur part, les premiers, avec une résolution et un courage admirables.

M. de Morny a contresigné le décret de dissolution de l'Assemblée; et il n'y a que la conscience d'un service immense rendu à la France et à l'Europe, qui puisse inspirer de tels dévouements. Placé par la confiance de Louis-Napoléon au ministère de l'intérieur, M. de Morny a pris l'administration du pays d'une main calme et ferme, qu'aucune agitation et qu'aucun événement n'ont jamais fait trembler.

D'ailleurs, les hommes politiques dont le Président de la République avait déjà éprouvé les lumières, le patriotisme et le dévouement, ne lui ont pas fait défaut, au milieu de cette crise, de laquelle dépendait le salut de la France; et il n'est pas d'intérêts qui ne se soient sentis rassurés, avec un ministère où se trouvent des hommes comme M. de Turgot, M. de Morny, M. de Saint-Arnaud, M. Fould, M. Rouher, M. Fortoul, M. Magne, M. Lefèvre-Duruflé et M. Ducos.

XL.

Deux grands résultats venaient d'être obtenus par l'armée de Paris.

Le socialisme, déposté des barricades, fusillé, dispersé, désarmé, voyait ses débris livrés aux recherches actives et infatigables de la police, dont l'œuvre calme, opiniâtre et courageuse paraîtra bientôt au grand jour des conseils de guerre ; et les complices de l'émeute, si acharnés qu'ils se fussent montrés, n'avaient pu arrêter un instant les troupes, même à l'aide de la coupable et honteuse diversion qu'avaient tenté de faire à son profit quelques esprits frondeurs, égarés et aveuglés, du *boulevard de Gand*.

Les ouvriers de Paris, dont le Président prenait deux fois en main la cause, et en rapportant la loi du 31 mai, qui les rétablissait dans leur droit de suffrage, et en maintenant l'ordre, qui leur assurait du travail, les ouvriers de Paris étaient restés étrangers à la lutte, n'ayant, ne pouvant rien avoir de commun, ni avec des importants sans influence, ni avec des sociétés secrètes sans moralité.

On était donc moralement sûr, le 6 décembre au soir, que la lutte sérieuse était finie à Paris ; car, l'immense majorité des bourgeois et la presque totalité des ouvriers ne prenant point part au combat, l'armée n'avait plus d'adversaires.

Restait à savoir le parti que prendraient les départements.

XLI.

Ce n'était pas la résolution des populations rurales, la résolution des propriétaires, petits ou grands, qui pouvait être douteuse : deux millions de pétitionnaires, et le vote de quatre-vingts conseils généraux avaient, par avance, sanctionné la mesure énergique du Président.

Ce qui pouvait être douteux, c'était le parti que prendraient les sociétés secrètes, organisées dans quelques petites villes, dirigées par des ambitieux et par des fainéants, et recrutées, dans une partie des campagnes, parmi de malheureux paysans, dont on avait égaré la tête et corrompu le cœur.

Le coup de foudre du 2 décembre ayant surpris tout le monde et devancé tous les préparatifs, les chefs furent d'abord atterrés. La faible résistance du 3 leur inspira quelque illusion ; le 4, les chefs de Paris écrivirent partout que la ville était soulevée en masse, que la bourgeoisie se déclarait en leur faveur, que leur victoire était certaine ; et c'est sur ces assurances mensongères et insensées que, dans une vingtaine de chefs-lieux d'arrondissements, la démagogie prit subitement les armes, emprisonna les autorités, s'empara du pouvoir, et souilla sa domination violente et passagère de vols, de meurtres, d'abominations de tout genre, épisodes naturels de sa boueuse et sanglante histoire.

La vérité n'a pas tardé à se faire jour; la société s'est partout défendue! les brigands, qui s'étaient montrés cruels, se sont naturellement montrés lâches. Abandonnés des chefs de Paris qui les ont lancés dans le crime, ils se sont partout dispersés; et les tribunaux vont maintenant traquer de toutes parts ce troupeau dispersé de niais, de paresseux, d'envieux, de criminels, qui se sont si imprudemment dévoilés eux-mêmes, indiquant ainsi au gouvernement toutes les parties de la population gangrenées et pourries, que le glaive de la justice doit retrancher, dans l'intérêt de la civilisation.

Qu'on étudie avec attention, dans le tableau qui va suivre, l'effet des nouvelles de Paris sur les départements: on verra que partout l'immense majorité des habitants s'est tout d'abord montrée calme, satisfaite, enthousiaste même: et que les fausses nouvelles, les excitations criminelles parties de Paris, le 3 et le 4, ont seules déterminé le soulèvement partiel des localités livrées aux sociétés secrètes.

XLII.

L'immense majorité des populations des départements était toujours dévouée au Président de la République, et n'attendait que de lui le rétablissement d'un pouvoir fort, sans lequel il ne saurait y avoir ni sécurité, ni travail, ni transaction, ni bien-être.

L'impression produite par la nouvelle de l'acte du 2 décembre fut donc généralement favorable dans les provinces; mais là, comme à Paris, les sociétés secrètes essayèrent de résister à une mesure qui était leur anéantissement. Les ordres de s'insurger partirent de Paris, le 3 et le 4 décembre, et un petit nombre d'ambitieux précipitèrent dans les crimes les plus abominables une armée de fainéants et de pillards préparée de longue main à l'assaut fatal de la société, en 1852.

Tous les départements n'appartenaient pas, il s'en faut heureusement, aux sociétés secrètes. Le plus grand nombre restèrent calmes et ne furent nullement troublés

Ainsi, l'Aisne, les Hautes-Alpes, les Ardennes, l'Ariége, l'Aube, les Bouches-du-Rhône, le Calvados, le Cantal, la Charente, la Charente-Inférieure, le Cher, la Corrèze, la Corse, les Côtes-du-Nord, la Creuse, la Dordogne, le Doubs, l'Eure, l'Eure-et-Loir, le Finistère, la Gironde, l'Indre, l'Indre-et-Loire, l'Isère, les Landes, la Loire, la Haute-Loire, le Loir-et-Cher, la Loire-Inférieure, la Lozère, le Maine-et-Loire, la Manche, la Haute-Marne, la Mayenne, la Meuse, le Morbihan, la Moselle, le Nord, l'Oise, l'Orne, le Pas-de-Calais, le Puy-de-Dôme, le Haut-Rhin, le Rhône, la Haute-Saône, la Seine-et-Marne, la Seine-et-Oise, la Seine-Inférieure, la Somme, la Vaucluse, la Vendée, la Vienne, les Vosges, c'est-à-dire quarante-neuf départements, ne furent aucunement troublés.

Cinq départements, le Lot, les Basses et les Hautes-Pyrénées, la Marne et le Bas-Rhin, eurent quelques inquiétudes locales et d'un instant.

Seize départements, la Côte-d'Or, le Tarn-et-Garonne, le Tarn, les Deux-Sèvres, le Gard, la Haute-Vienne, la Haute-Garonne, les Pyrénées-Orientales, l'Ille-et-Vilaine, la Meurthe, l'Ardèche, l'Aveyron, l'Ain, le Loiret, le Lot-et-Garonne, la Saône-et-Loire, eurent des tentatives d'insurrection, promptement et complétement réprimées.

Douze départements eurent, pendant plus ou moins de temps, une ou plusieurs de leurs localités au pouvoir de l'insurrection victorieuse : comme l'Aude, la Saône-et-Loire, la Drôme, l'Yonne, la Sarthe, le Gers, l'Hérault, le Jura, la Nièvre, l'Allier, le Var et les Basses-Alpes.

Même dans ces localités, dont quelques-unes auront une tache éternelle de deuil dans l'histoire, ce sont des minorités d'hommes tarés qui ont imposé, par la surprise et par la violence, leur précaire et sanglante domination.

XLIII.

Si les troubles des provinces ont été plus longs à réprimer que les troubles de Paris, faute de forces suffisantes sur chaque point donné, leur répression n'a été néanmoins ni moins certaine, ni moins efficace, ni moins complète. Partout, l'armée, l'administration et les populations honnêtes ont fait leur devoir.

Le 6 décembre, la question de l'ordre était résolue à Paris ; et, l'étant à Paris, elle l'était virtuellement partout.

Ce jour-là, M. de Morny adressait au général de Lavœstine, commandant supérieur de la garde nationale de Paris, la lettre suivante, empreinte de la plus juste et de la plus noble indignation.

« Paris, le 7 décembre 1851.

« Général, dans plusieurs quartiers de Paris, quelques propriétaires ont l'impudeur de mettre sur leur porte : *Armes données*. On concevrait qu'un garde national écrivît : *Armes arrachées de force*, afin de mettre à couvert sa responsabilité vis-à-vis de l'État et son honneur vis-à-vis de ses concitoyens ; mais inscrire sa honte sur le front de sa propre maison révolte le caractère français.

« J'ai donné l'ordre au préfet de police de faire effacer ces inscriptions, et je vous prie de me désigner les légions où ces faits se sont produits, afin que je propose à M. le Président de la République de décréter leur dissolution. »

Répondant immédiatement à cet appel, M. de Lavœstine signalait en ces termes la légion de Paris dont les armes avaient servi à l'émeute :

« Paris, le 7 décembre 1851.

« Monsieur le ministre,

« Toute la garde nationale applaudira aux sentiments exprimés dans la lettre que vous m'avez fait l'honneur de m'écrire.

« Une des légions de Paris a subi le double affront du désarmement à domicile et des inscriptions honteuses dont vous parlez. Sa mairie, malgré la présence de plus de soixante hommes, a été prise par les insurgés : c'est la 5e légion.

« Je viens vous la signaler et demander son licenciement. Je suis heureux d'avoir, d'un autre côté, un grand nombre de faits qui constatent l'esprit d'ordre et d'obéissance qui n'a cessé de régner dans d'autres légions. »

La 5e légion était immédiatement dissoute.

L'administration pouvait donc reprendre, dès le 7, sa marche habituelle. C'est ce que faisait M. de Morny par sa circulaire adressée aux préfets, et conçue en ces termes :

« Paris le 7 décembre 1851.

« Monsieur le préfet,

« Par ma circulaire en date du 3 décembre, vous avez été investi du droit de suspendre et même de remplacer immédiatement tous les fonctionnaires dont le concours ne vous serait point assuré.

« Ces pouvoirs extraordinaires ont dû vous être conférés alors qu'il y avait nécessité de briser immédiatement les résistances qui auraient été de nature à compromettre le succès des grandes mesures de salut public décrétées par le prince Louis-Napoléon.

Ces pouvoirs vous permettaient d'atteindre les juges de paix ; ils doivent cesser aujourd'hui, que le gouvernement est maître de la situation. Le temps qui doit s'écouler avant l'ouverture du scrutin permet d'ailleurs de suivre les voies ordinaires de nomination.

« Vous devrez donc à l'avenir, Monsieur le préfet, laisser aux chefs de cours d'appel le libre et plein exercice du droit qui leur appartient de présenter, et au ministre de la justice l'exercice du droit qui lui appartient également de pourvoir à toutes les fonctions de la magistrature. M. le ministre de la justice invite au reste les procureurs généraux à prendre votre avis sur les révocations et sur les remplacements qui devraient être opérés. »

XLIV.

Le 8 décembre, le Président de la République fermait l'ère de la lutte, et ouvrait l'ère de la confiance et du concours par cette admirable proclamation au peuple français :

Français,

Les troubles sont apaisés. Quelle que soit la décision du peuple, la société est sauvée. La première partie de ma tâche est accomplie ; l'appel à la nation, pour terminer les luttes des partis, ne faisait, je le savais, courir aucun risque sérieux à la tranquillité publique.

Pourquoi le peuple se serait-il soulevé contre moi ?

Si je ne possède plus votre confiance, si vos idées ont changé, il n'est pas besoin de faire couler un sang précieux, il suffit de déposer dans l'urne un vote contraire. Je respecterai toujours l'arrêt du peuple.

Mais tant que la nation n'aura pas parlé, je ne reculerai devant aucun effort, devant aucun sacrifice pour déjouer les tentatives des factieux. Cette tâche, d'ailleurs, m'est rendue facile.

D'un côté, l'on a vu combien il était insensé de lutter contre une armée unie par les liens de la discipline, animée par le sentiment de l'honneur militaire et par le dévouement à la patrie.

D'un autre côté, l'attitude calme des habitants de Paris, la réprobation dont ils flétrissaient l'émeute, ont témoigné assez hautement pour qui se prononçait la capitale.

Dans ces quartiers populeux où naguère l'insurrection se recrutait si vite parmi les ouvriers dociles à ses entraînements, l'anarchie, cette fois, n'a pu rencontrer qu'une répugnance profonde pour ces détestables excitations.

Grâces en soient rendues à l'intelligente et patriotique population de Paris ! Qu'elle se persuade de plus en plus que mon unique ambition est d'assurer le repos et la prospérité de la France.

Qu'elle continue à prêter son concours à l'autorité, et bientôt le pays pourra accomplir dans le calme, l'acte solennel qui doit inaugurer une ère nouvelle pour la République.

Fait au palais de l'Élysée, le 8 décembre.

LOUIS-NAPOLÉON BONAPARTE.

XLV.

Enfin, une mesure capitale était prise, le même jour, par M. le ministre de l'intérieur; c'est la proposition, convertie en décret, ayant pour objet de défendre la société contre l'armée du vice et du crime. Voici ce document mémorable, dont l'exécution ferme et sévère donnera du repos à la France pour une génération.

DÉCRET SUR LA TRANSPORTATION.

AU NOM DU PEUPLE FRANÇAIS.

Le Président de la République,

Sur la proposition du ministre de l'intérieur,

Considérant que la France a besoin d'ordre, de travail et de sécurité; que, depuis un trop grand nombre d'années, la société est profondément inquiétée et troublée par les machinations de l'anarchie, ainsi que par les tentatives insurrectionnelles des affiliés aux sociétés secrètes et repris de justice, toujours prêts à devenir des instruments de désordre;

Considérant que, par ses constantes habitudes de révolte contre toutes les lois, cette classe d'hommes non-seulement compromet la tranquillité, le travail et l'ordre public, mais encore autorise d'injustes attaques et de déplorables calomnies contre la saine population ouvrière de Paris et de Lyon ;

Considérant que la législation actuelle est insuffisante, et qu'il est nécessaire d'y apporter des modifications, tout en conciliant les devoirs de l'humanité avec les intérêts de la sécurité générale :

Décrète :

Art. 1er. Tout individu placé sous la surveillance de la haute police qui sera reconnu coupable de délit de rupture de ban pourra être transporté, par mesure de sûreté générale, dans une colonie pénitentiaire, à Cayenne ou en Algérie. La durée de la transportation sera de cinq années au moins et de dix au plus.

Art. 2. La même mesure sera applicable aux individus reconnus coupables d'avoir fait partie d'une société secrète.

Art. 3. L'effet du renvoi sous la surveillance de la haute police sera, à l'avenir, de donner au gouvernement le droit de déterminer le lieu dans lequel le condamné devra résider après qu'il aura subi sa peine.

L'administration déterminera les formalités propres à constater la présence continue du condamné dans le lieu de sa résidence.

Art. 4. Le séjour de Paris et celui de la banlieue de cette ville sont interdits à tous les individus placés sous la surveillance de la haute police.

Art. 5. Les individus désignés par l'article précédent seront tenus de quitter Paris et sa banlieue dans le délai de dix jours, à partir de la promulgation du présent décret, à moins qu'ils n'aient obtenu un permis de séjour de l'administration; il sera délivré à ceux qui la demanderont, une feuille de route et de secours qui réglera leur itinéraire jusqu'à leur domicile d'origine ou jusqu'au lieu qu'ils auront désigné.

Art. 6. En cas de contravention aux dispositions prescrites par les articles 4 et 5 du présent décret, les contrevenants pourront être transportés, par mesure de sûreté générale, dans une colonie pénitentiaire, à Cayenne ou en Algérie.

Art. 7. Les individus transportés en vertu du présent décret seront assujettis au travail sur l'établissement pénitentiaire : ils seront privés de leurs droits civils et politiques; ils seront soumis à la juridiction militaire; les lois militaires leur seront applicables. Toutefois, en cas d'évasion de l'établissement, les transportés seront condamnés à un emprisonnement qui ne pourra excéder le temps pendant lequel ils auront encore à subir la transportation. Ils seront soumis à la discipline et à la subordination militaires envers leurs chefs et surveillants civils ou militaires pendant la durée de l'emprisonnement.

Art. 8. Des règlements du pouvoir exécutif détermineront l'organisation de ces colonies pénitentiaires.

Art. 9. Les ministres de l'intérieur et de la guerre sont chargés, chacun en ce qui le concerne, de l'exécution du présent décret.

Fait à Paris, à l'Élysée national, le conseil des ministres entendu, le 8 décembre 1851.

LOUIS-NAPOLÉON BONAPARTE.

Le ministre de l'intérieur,

A. DE MORNY.

XLVI.

Quatre grands résultats, également dus à la conduite énergique du Président, ressortent clairement des faits qui précèdent.

D'abord, les rouges, les socialistes, les terroristes seuls ont essayé de résister à un acte qui établit évidemment les conditions nécessaires de l'ordre, détruites par les rivalités des anciens partis, se combattant et se déchirant dans l'Assemblée, communiquant leurs divisions et soufflant leurs haines au pays. A l'exception des rouges, des socialistes et des communistes, qui ont senti que le Président détruisait leurs espérances, toutes les populations ont accepté l'acte intelligent et résolu du 2 décembre.

Ensuite le Président a, comme on dit, escompté la crise fatale de 1852, crise qui, à la juger par les tentatives partielles et décousues des rouges, eût été l'anéantissement de la France, jetée dans un abîme de pillage et de sang. Au lieu de l'immense conspiration des tueurs et des brigands, organisés par les sociétés secrètes et lâchés à la fois, à la même heure, sur la nation, on a vu vingt-cinq ou trente insurrections locales vigoureusement comprimées : désastre irréparable pour les victimes, leçon éloquente et instructive pour les honnêtes gens.

D'un autre côté, s'il y avait jusqu'ici des divisions entre les classes de la société, ces divisions ont disparu aux trois quarts et vont disparaître tout à fait devant la nécessité de défendre la famille, la propriété, la religion, la morale contre des hordes de malfaiteurs. Il n'y aura bientôt plus ni des légitimistes, ni des orléanistes, ni des bonapartistes ; il n'y aura plus que des hommes se battant contre des bêtes fauves.

Enfin les rouges, en prenant les armes, en marchant contre les villes, en faisant prisonnières les autorités, en tuant les soldats, en pillant les caisses publiques, en détruisant les propriétés, en violant les femmes, en brûlant vifs les enfants, se sont eux-mêmes dénoncés aux magistrats, aux honnêtes gens et à la force publique. Tout le monde se connaît, à trois ou quatre lieues de rayon, dans les départements. On va donc rechercher, poursuivre, traquer, arrêter un à un, partout où ils se réfugieront, ces malfaiteurs, organisés, dirigés, exploités, et finalement abandonnés par les montagnards ; et, s'il doit y avoir quelque pitié pour les esprits faibles, pour les natures irréfléchies, il n'y en aura pas, il ne pourra pas y en avoir pour les meneurs, pour les brigands en chef, qui ont fait couler le sang innocent, et commis un attentat monstrueux contre la société tout entière.

Les sociétés secrètes n'avaient pas, à Paris, d'après les calculs les plus exacts, plus de trois mille à trois mille cinq cents recrues enrôlées, véritablement dangereuses, et prêtes à livrer bataille. Les mesures prises depuis le 2 décembre auront pour résultat d'avoir à peu près détruit ou enlevé cette armée du communisme.

D'abord, les pertes des sections derrière les barricades ont été énormes, et dépassent même les résultats des journées de juin ; ensuite les arrestations, qui dépassent déjà seize cents, et qui continuent par quarante par jour, en moyenne, éclaircissent singulièrement les rangs de l'émeute. On peut croire que d'ici à peu de jours, tout le personnel actif et militaire des sociétés secrètes sera prisonnier.

La conduite du Président aura donc eu pour résultat final de délivrer la France de la tyrannie des factions, de lui rendre sa liberté, sa souveraineté, son repos ; d'avoir permis de purger le pays, à coup sûr, des hommes corrompus et dangereux qui formaient l'armée du socialisme ; et d'avoir ouvert pour le pays une ère de véritable liberté, de repos, de confiance, de travail et de bien-être.

On peut déjà chiffrer le résultat matériel de l'acte du 2 décembre.

Le 1er décembre, la rente 5 pour 100 était à 91 fr. 60.

Le 16 décembre, elle était à 100 fr. 90.

C'est donc une hausse de près de 10 francs, c'est-à-dire une augmentation d'un dixième de la fortune publique et privée.

FIN.

Paris, Imp. Paul Dupont, rue J.-J. Rousseau, 41. 4838 12.8

www.ingramcontent.com/pod-product-compliance
Ingram Content Group UK Ltd.
Pitfield, Milton Keynes, MK11 3LW, UK
UKHW022105190726
13855UKWH00002B/661